世界にひとつだけの「神とアート」の書

天照 晶子
Shoshi Amatera

文芸社

目次

（新）
「神の暗号・N《男》&《と》S《女》」
と
人生の縮図
（1）

「神の暗号とは」

序

「新・神の暗号・N&S《男と女》と人生の縮図」は、前著作と内容は、ほぼ同じです。前作について、良くわからないという御意見もあり、同じ内容を、別の角度から切り取り、少しでも理解しやすいように工夫してリメークしました。この書は、内容的に見ても前例がなく、自然や宇宙の概念を、180°変えないと理解しづらい面があります。今から約500年ほど前、ガリレオが、「地球は丸く、宇宙の中心ではない」と言った時、当時の人々がこのことを理解できなかったことは、周知の事実となっています。眼の前で見る、現実の世界と違っていると感じたからです。今、同じことを言ったら、逆に、当然すぎて笑われてしまいそうです。「今の自分は、500年前の、ガリレオの時代の人々とは違う」、と言いきれる人がどれだけいるか疑問です。この本を理解するには、ガリレオと同じ時代を生きていた人々と同じぐらいの、意識の変革が必要です。世界には、数知れない神による天地創造物語が存在します。しかし、抽象的で、具体的な事例は見当たりません。

この書では、万物を創造された神様による、具体的な事例により、確認できる形となっています。すべての内容は、事実に裏打ちされており、世界で唯一の真実の内容となっています。

N&S《男 と 女》

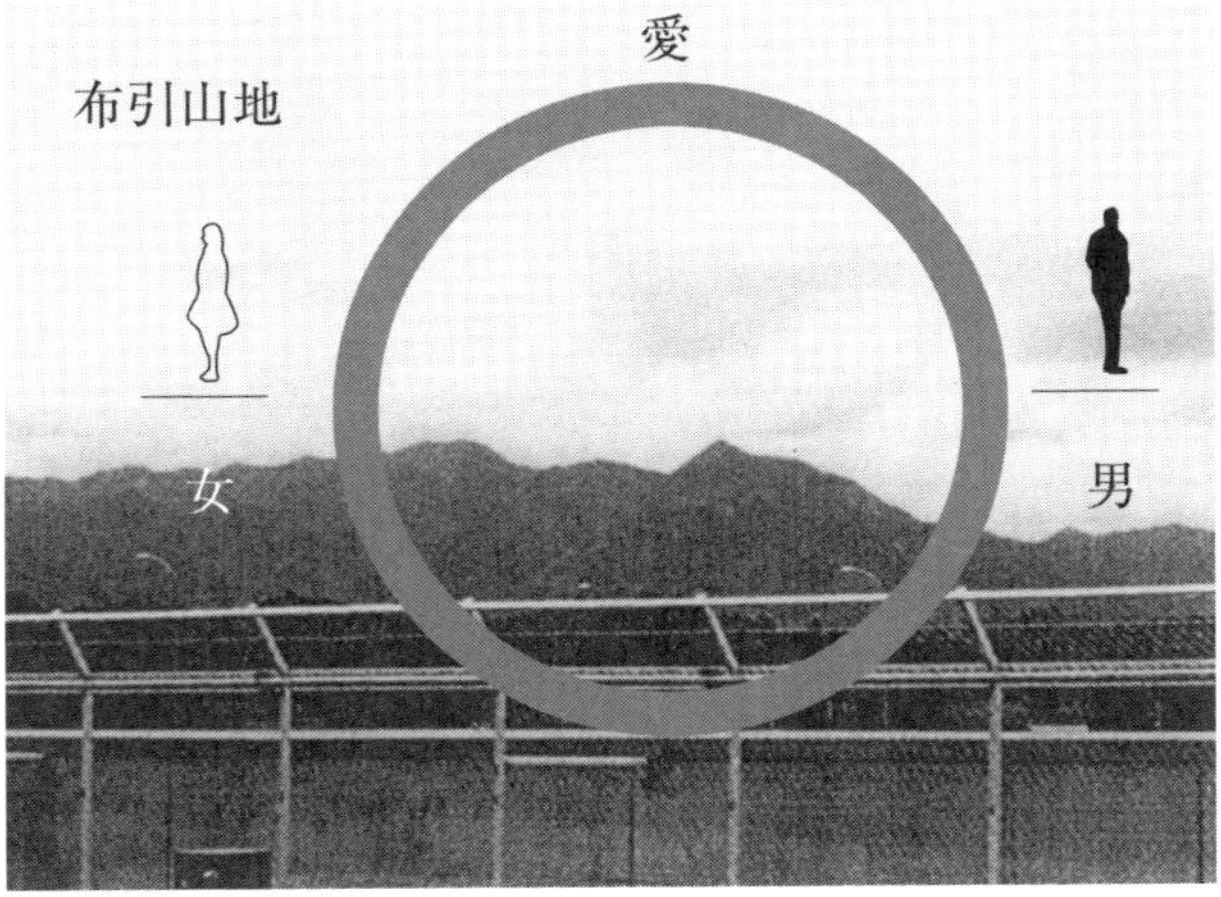

女性原理　　神の暗号・N&S　　男性原理

地球創造の基となった神の暗号・N&S

「神の暗号・Ｎ＆Ｓ」が描く「地球デザイン」			
1	スワード半島	27	ニュージーランド
2	チュコト半島	28	ケープヨーク半島
3	ベーリング海峡	29	カーペンタリア湾
4	ウランゲリ島	30	ニューギニア島
5	ノボシビルスク諸島	31	オホーツク海
6	タイミル半島	32	カムチャッカ半島
7	セーベルナヤゼムリャ諸島	33	グレートバリアリーフ
8	ガンジスライン	34	太平洋
9	フランツヨシフ諸島	35	南極大陸
10	ノバヤゼムリャ島	36	北極海
11	スカンジナビア半島	37	パナマ運河
12	スバールバル諸島	38	ユカタン半島
13	イギリス諸島	39	フロリダ半島
14	ビスケー湾	40	大西洋
15	イベリア半島	41	ハドソン湾
16	スエズ運河	42	ラブラドル半島
17	アラビア半島	43	アイスランド
18	ソマリア半島	44	グリーンランド
19	マダガスカル島	45	クイーンエリザベス諸島
20	インド半島	46	ボーフォート海
21	セイロン島	47	アラスカ
22	ベンガル湾	48	Ｎライン
23	インドシナ半島	49	Ｓライン
24	アーネムランド	50	クイーンエリザベスライン
25	グレートオーストラリア湾	51	バレンツ海
26	タスマニア島	52	神の視点軸

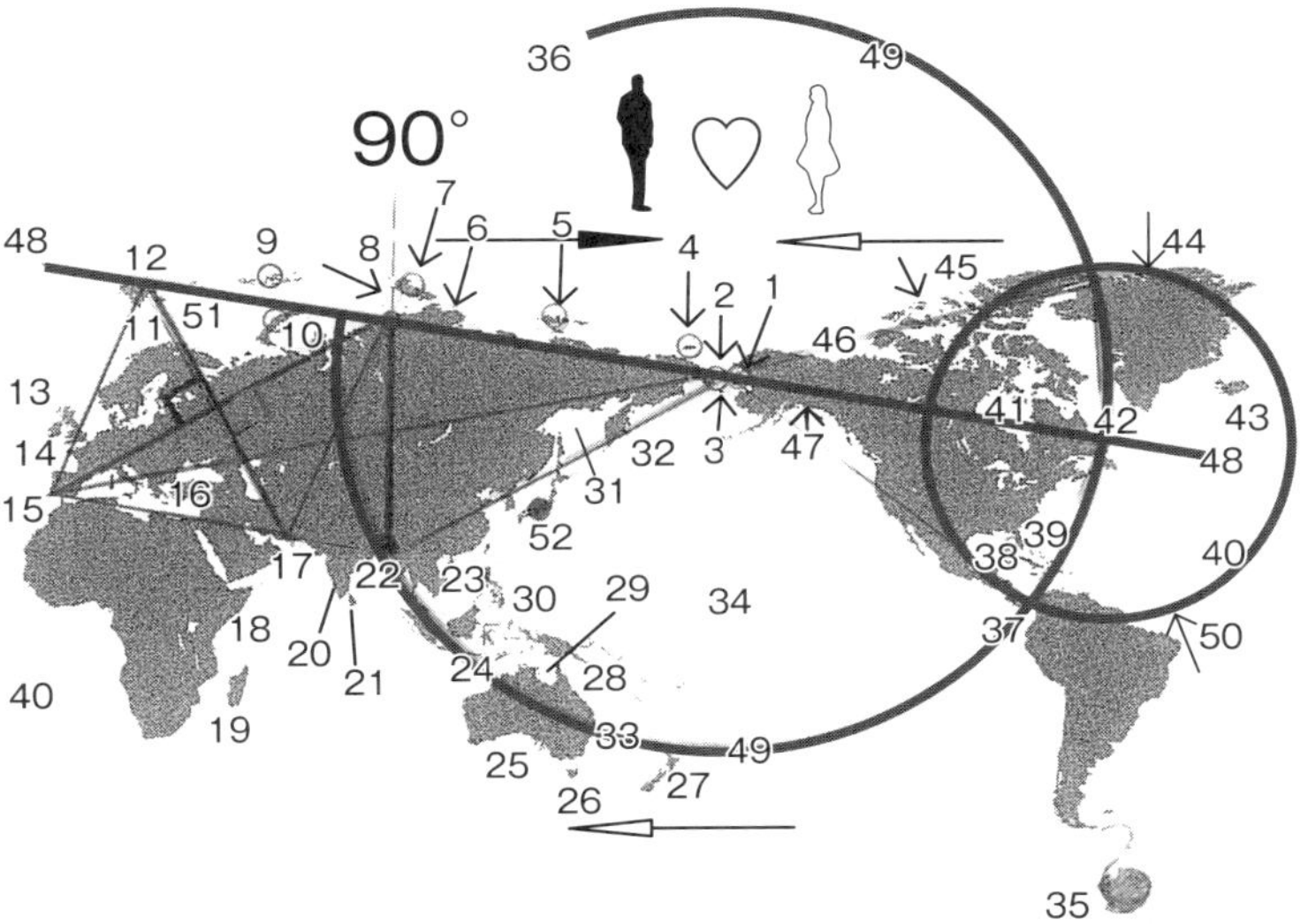
90°
36
49
48
12
9
8
7
6
5
4
2
1
45
44
11
51
10
46
13
41
42
43
14
3
47
32
48
15
16
31
52
39
17
22
23
30
29
34
38
40
18
37
50
20
21
24
28
40
19
33
49
25
27
26
35

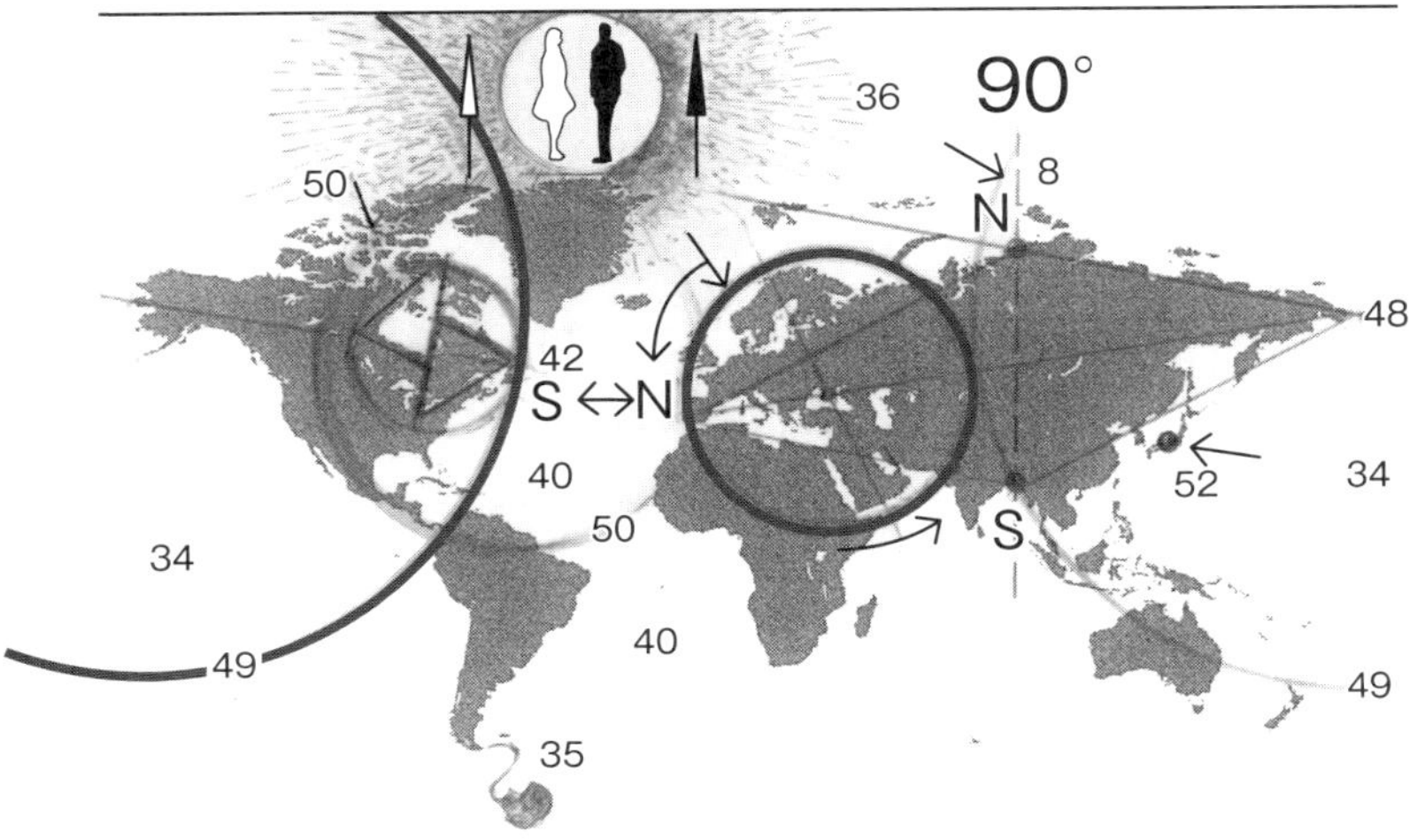
36
90°
50
8
N
48
42
S↔N
40
52
34
50
S
34
40
49
49
35

「神の暗号・N&S《男と女》」を理解するための12の用語

(1) ※「三重デザイン」について

三重県津市久居一本松北西に位置する、「神の視点軸」を中心にデザインされた、周囲を巡る山々を指します。北は、鈴鹿山系周辺から、西方・青山高原を経て、伊勢神宮・内宮の山々を通り、答志島あたりで完結する、地球創造の原点として創造された、驚異のアートデザインを構成します。

(2) ※「地球デザイン」と「三重デザイン」について

２つの作品は、姉妹作品とも言える「人生の縮図」としてデザインされたもので、青山高原と、「神の暗号・N&S」を含む三重デザインは、地球デザインの基礎となっています。地球デザインの中心、ユーラシア大陸創造は、東経90°線を中心に、４分割する形でデザインされた大陸ですが、青山高原をモデルに、デザインされています。

(3) ※「神の視点軸」について

津市久居一本松の北西に、かつて大店舗が在り、その一角と天を結ぶ幅３メートルほどの垂直に伸びた根元物質の柱を指します。人間の目で見ることは通常できませんが、２つの人生の縮図を創造するため、全知の神様が選ばれた場所を指しています。全知の神様が教示された高さは、地面より、約21～22メートルの目の高さ、これが「三重デザイン」を見る高さ、「地球デザイン」はさらに高い位置を示されたため、計測できていません。現在は、住宅地内となっているため、正確な場所は、秘密とさせて戴きます。

(4) ※「全知のアーティスト（神様）」について

137億年前、ビッグバンにより、大宇宙を開闢された神様を指します。万生万物を創造された大宇宙の主であり、「三重デザイン」、「地球デザイン」、２つの人生の縮図を、46億年かけてデザインされた、宇宙最大のアーティストです。歴史的に見ると、旧約聖書中に記述された、シナイ山の山頂で、モーゼの前に出現されたとされる天地創造の神様を指します。

(5) ※「6大陸」について

「人生の縮図・地球」は、主要な6つの要素、ユーラシア大陸と北アメリカ大陸、アフリカ大陸と南アメリカ大陸、前者の一体化の象徴としてのグリーンランド、後者の一体化の象徴としてのオーストラリア大陸で成り立ちます。6つの要素の内、唯一、グリーンランドのみが世界最大の島とされています。このような理由により、便宜的にグリーンランドを大陸のひとつと数え、6大陸としてある箇所があります。又、南極大陸は、N（男）とS（女）の誕生の地となります。6大陸はすべて、神の視点軸に対して前面を向いています。人類の教師に、背中を向けて学ぶ生徒はいません。

(6)　※「大様式」について

「神の暗号・N&S」を書いたこの書では、数多くの「大様式」の文字が使用されています。一般的にはあまりなじみのない言葉ですが、世界遺産として知られる名画、レオナルド・ダ・ビンチの描いた「最後の晩餐」に使用されている絵画様式の総称と理解してもらえばわかりやすいと思います。基礎編では、詳しく述べてありますが、凸と凹、直線と曲線、丸と四角、鋭角と鈍角、4つのリズム（形）を基軸とする3と1の構成等、調和のとれた様式美の総称を指します。

(7)　※「ガンジスライン」について

ユーラシア大陸（父親）を、東西に2分する東経90°線を指します。地球デザインは、この1本の中心軸を出発点として、「神の暗号・N&S」を基に、前面と後面の2つの視点でデザインされています。

(8)　※「N接点」と「Nライン（男性原理）」について

「ガンジスライン」の北の接点（N）を通り、北アメリカ大陸東端、父と母の接点（ベーリング海峡）、スバールバル諸島の1点、合計4箇所の重要な点を結ぶ直線を、便宜的にNラインと呼びます。

(9)　※「S接点」と「Sライン（女性原理）」について

「ガンジスライン」の南の接点（S）を通り、クイーンエリザベス諸島とグリーンランドの接点、北アメリカ大陸東端（ラブラドル半島東端）、パナマ運河（接点）の合計4箇所の重要な点を、1本の曲線で繋ぎます。NラインとSラインは、「神の暗号・N&S」の重要なポイントを、それぞれ4箇所ずつ繋ぎます。

(10)　※「クイーンエリザベスライン」について

ユーラシア大陸（父親）の中央を南北に貫く1本の直線（ガンジスライン）に対して、構図上、相対する形としてデザインされたのが、北アメリカ大陸（母親）の中央を南北に貫く1本の曲線（グリーンランド北端から、南のパナマ運河あたりまで）「クイーンエリザベスライン（便宜的に付けた名前）」です。

(11)　※「青山高原」（花婿・N.1）について

地球デザインの始まり、原点として創造されたのが、東経136°線を中心軸としてデザインされた、約5°の右肩上がりの台形の山です。同じ右肩上がりの逆台形、ユーラシア大陸の原形となった山です。

(12)　※「神の暗号・N&S《男と女》」について

青山高原N.1（花婿）と経ケ峰《キョウガミネ》S.1（花嫁）の中間にデザインされた形で、男と女の持つ本質をアートで表現したものです。地球だけでなく、大宇宙創造の根元原理を示しています。

（新）
「神の暗号・N&S《男と女》」
と
人生の縮図
（2）

「創造編」

第2章　創造編

1　泡のように湧き出る根元物質と、浮き沈みする大地

この驚異の体験の一部始終は、前著作の奇跡の出来事の最終章「奇跡の出来事」の1番目に書いた出来事です。少し手短に書き過ぎて、具体性に欠いているので、リメークしたこの書で、もう少し詳しく追加しておきたいと思います。場所は、度会郡玉城町原という村の南方にくずか山という山が存在します。その山の中腹にといいしと呼ばれる場所があります。2つの美しい池があり、左側の大きな池のほとりでこの現象はおこりました。見えない存在が2度私の背中をたたき、ふり向くと、キラキラと不思議な銀色の光を放つ風の円盤のようなものが高速で回転しており、しばらくして天空に消えてゆきました。その場所から40メートルほど歩いた時、大地の奥底から響いてくるようなゴーという無気味な音が聞こえてきました。轟くような号音と共に大地が揺れるような感覚を感じましたが、地震とは全く別の似て否なるものでした。大地から泡のような不思議な透明な物質が湧き出すのが見え、その物質が私の膝あたりまできており、その物質を通して、湖の岸辺に立っている自分が、まるで波の上にいるように浮き沈みする感覚を覚えました。この泡のように大地から湧き出した物質、ダークマターは、近い将来、化学の世界で解明されるものと思われます。その時、私の周囲では、同時に、猛烈な風が吹いており、数分間つづきました。やがてゴーという音が止み、根元物質（ダークマ

ター）により、波打つ大地も消え、あたりは静けさを取りもどしていました。すべての奇跡はこの出来事が起点となって始まりました。

2　宇宙の基本構造を知る

某テレビ番組の中で、宇宙に点在する無数の星々の分布を研究している、ある化学者達の見解として発表されたものです。次ページの図には、4つの円が書かれていますが、最近の研究によると、宇宙に点在する星々は、4つの層に分かれて分布していることがわかってきたといいます。そして、不思議なことに、その4層構造の内、1つの層だけが、星の数が少なく、希薄になっていることがわかってきたというのです。つまり、濃い層3つと、薄い層1つ、所謂、アートの世界で最も多く使用されている、大様式の構造そのものであることがわかります。前著作でも述べた通り、大宇宙を創造された神様は、大様式を基に万物を創造されています。レオナルド・ダ・ビンチの世界遺産、「最後の晩餐」はじめ、ピカソの作品等を引用しながら、大様式を解説し、神の暗号「N&S《男と女》」がいかなるものかを説明してきました。遺伝子DNAの、4つの塩基構造をはじめ、自然界には大様式で創造された物に満ちています。極小の原子や、光の波動の世界から、無限の大宇宙に至るまで、大様式による創造が満ちています。人間も含め、ひとりのアーティスト神霊の思念が具現化した世界に生きていると言えます（左図、希薄になっている星の層の順番についてはわかりません）。

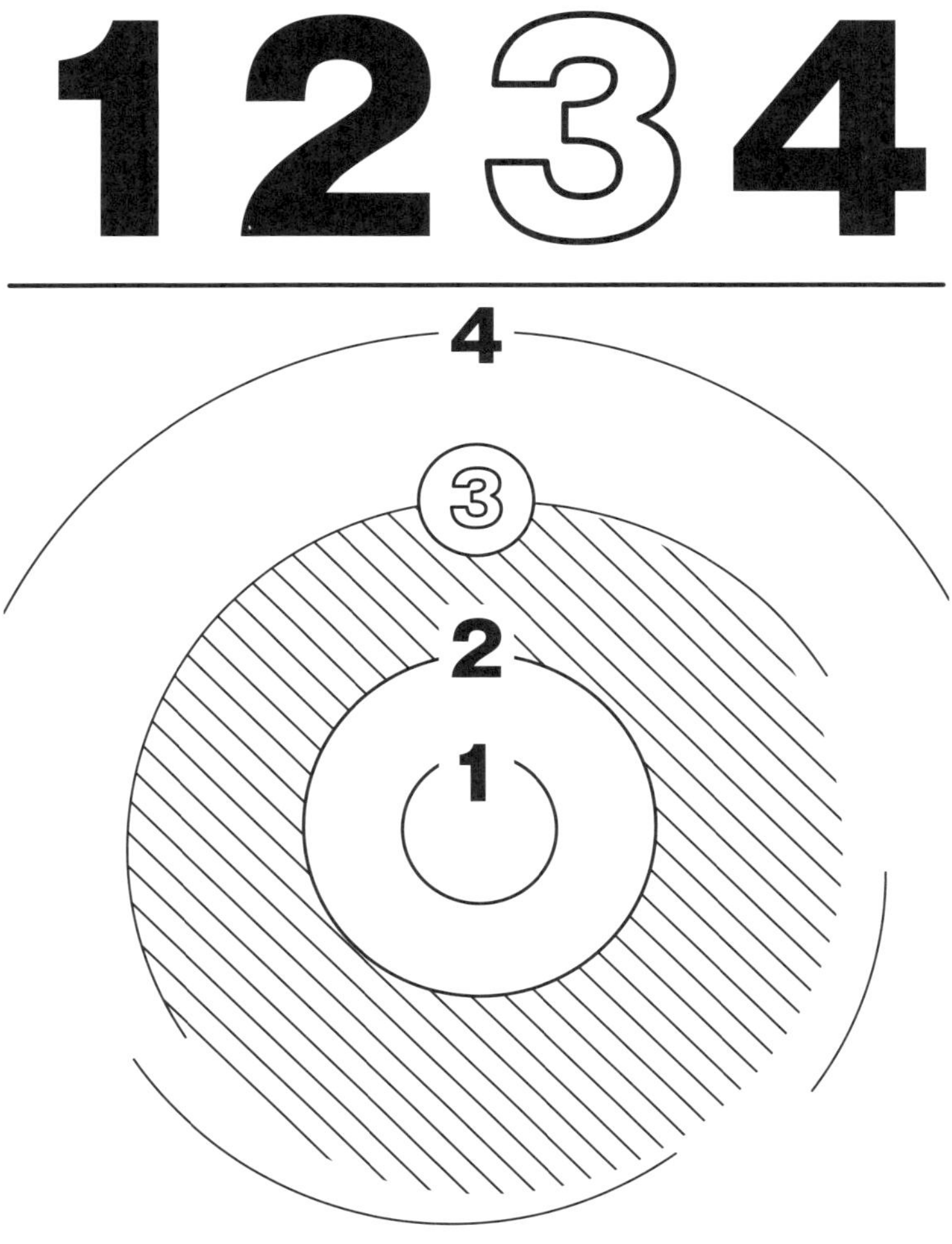
1234
4
3
2
1

3　地球デザインの基となった三重デザイン

23ページの下図（台形）は、久居駅西方に見える青山高原を、単純化した図です。この青山高原を2分割する形で、中心を貫くのが、東経136°線です。この山頂付近には、東経136°線を示す指標が立てられています。又、近年の開発により、山頂付近の形は大きく様変わりして失われつつあります。三重デザインによる「人生の縮図」は、すべて、この東経136°線が出発点となっています。上の図には、青山高原を2等分するN.1－Aが書かれていますが、養老山系のあたりから、伊勢志摩国立公園に至る「人生の縮図」は、すべて、この青山高原を2分割するN.1－Aの尺度が基準として創造されています。「人間の一生」を象る何十、何百という山々のパーツが、一本の線を基準に創造されています。上の逆台形は、ユーラシア大陸を単純化した図です。中央の東経90°線は、下図の青山高原における、東経136°線と同じ意味を示しています。ユーラシア大陸を2等分する東経90°線は、地球創造の出発点となっており、この中心軸を中心に、相対する北アメリカ大陸や、その他の大陸や島々が、数学的正確さで配置されています。北のタイミル半島より、南のインダス川河口を貫く1本の中心軸、東経90°線が、地球を創造する基準に定められています。

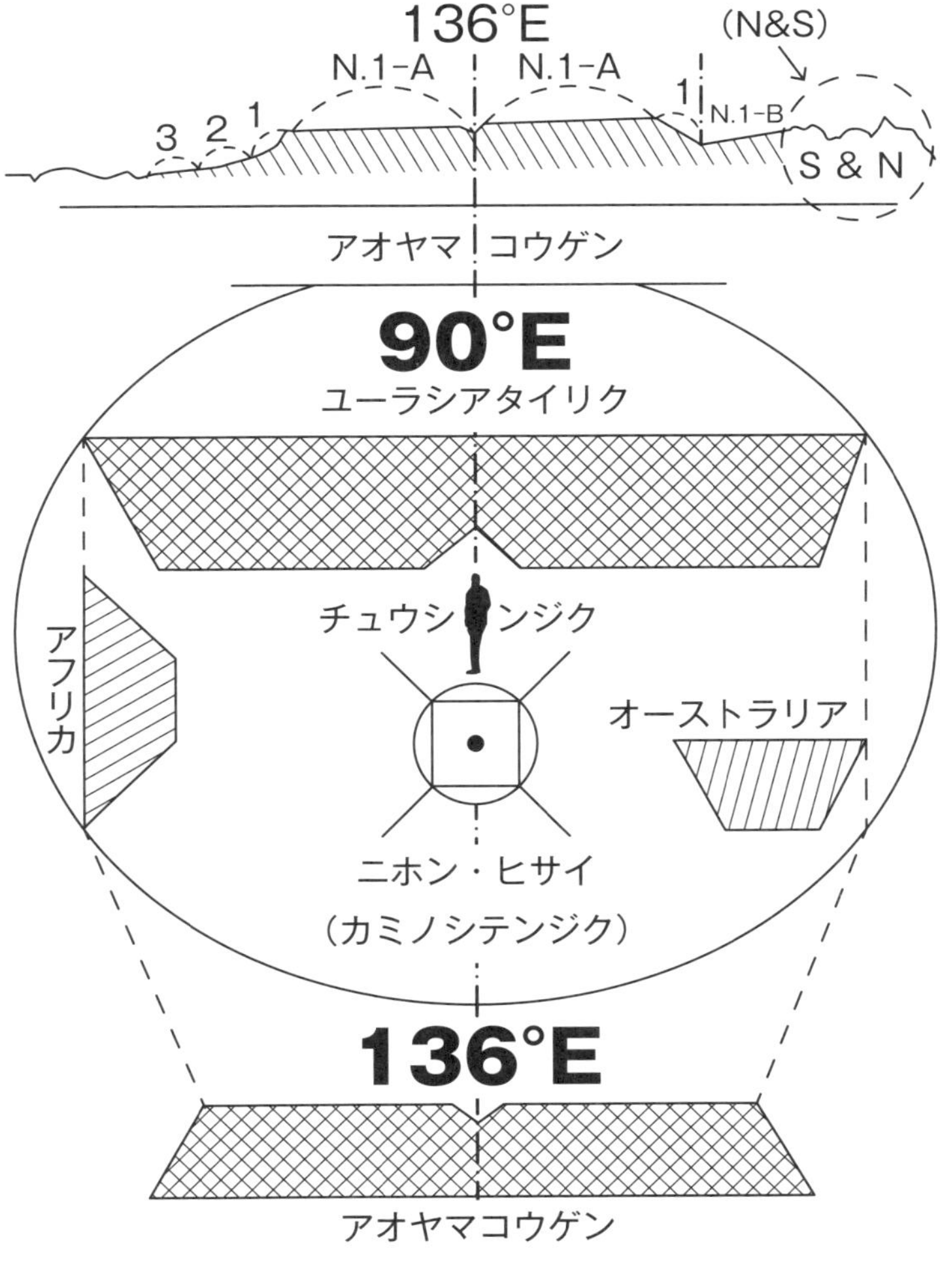
136°E
（N&S）
N.1-A
N.1-A
3
2
1
1
N.1-B
S & N
アオヤマ
コウゲン
90°E
ユーラシアタイリク
チュウシンジク
アフリカ
オーストラリア
ニホン・ヒサイ
（カミノシテンジク）
136°E
アオヤマコウゲン

4　東経136°線と、東経90°線がデザインする2つの「人生の縮図」

次の図は、神の視点軸（元・ジャスコ店）より見た青山高原と、地球をシンプルにデザインした図です。下方には、久居駅がありますが、久居駅からでも、天気が良ければ、「三重デザイン」の一部を見ることは可能です。元・ジャスコ店の上に書かれた目は、この場所より、「三重の人生の縮図」と、「地球の人生の縮図」、2つの「人生の縮図」が創造されたことを意味しています。神様の目から、西方正面に、青山高原の、東経136°線が貫いています。地球をデザインされた場所は、元・ジャスコ店の、はるか上空になります。ガンジス河口と、タイミル半島を垂直に貫く、ガンジスラインは、地球デザインの中心軸となっており、すべての大陸や、島々の配列は、この1本の中心軸を中心に、数学的正確さで、位置や、配列が決定されています。地球は、現在十数枚のプレートの上に創造されていますが、「人生の縮図」という完成されたアートの世界を見ることができます。2つの中心軸によって創造された、「三重デザイン」と「地球デザイン」、この2つの「人生の縮図」を学ぶことは、大宇宙を創造された神様の英知を、直接、人間の目を通して学ぶという、おそらくは人類の歴史上かつてなかったことを経験していることになります。

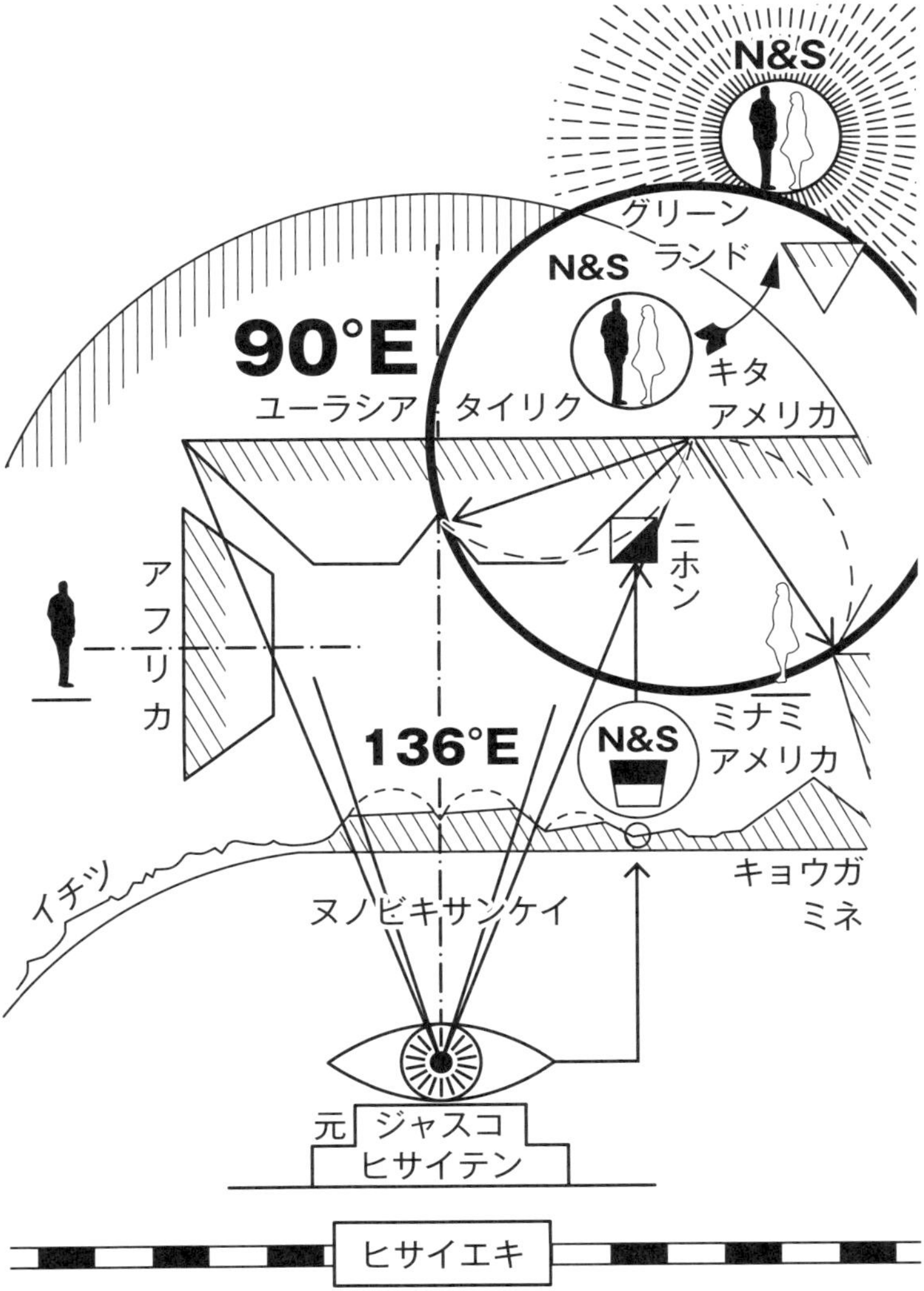
N&S
グリーン
ランド
N&S
90°E
キタ
アメリカ
ユーラシア　タイリク
ニホン
アフリカ
136°E
N&S
ミナミ
アメリカ
キョウガ
ミネ
イチツ
ヌノビキサンケイ
元
ジャスコ
ヒサイテン
ヒサイエキ

5　地球4大陸をデザインする、東経90°線と、N・Sライン

次ページの図は、東経90°線を軸にデザインされた、地球デザインです。ベーリング海峡（ウ）を中心に、スバールバル諸島（ア）、タイミル半島との接点（イ）、ラブラドル半島東端の接点（エ）、合計4箇所（ア・イ・ウ・エ）を結ぶ1本の直線、Nラインの図です。次に、ベーリング海峡（ウ）を中心に、インダス川河口（キ）を半経とする円周上に、クイーンエリザベス諸島とグリーンランドとの接点（オ）、ラブラドル半島東端（エ）、南北アメリカ大陸の接点（カ）、インダス川河口との接点（キ）、合計4箇所（オ・エ・カ・キ）の接点を結ぶ、1本の曲線、Sラインの図です。1本の直線と、1本の曲線、NラインとSラインが、中心軸、東経90°線により、4箇所ずつの接点で結ばれ、男性様式を代表する、ユーラシア大陸（父）と、女性様式を代表する北アメリカ大陸（母）を、有機的に、且つ、数学的正確さで結びつけていることがわかります。さらに、ラブラドル半島の東端（エ）を中心に、北の接点（オ）と、南の接点（カ）を繋ぐ形で、クイーンエリザベスラインが描けます。この一本の円周は、クイーンエリザベス諸島と、北アメリカ大陸からパナマ運河に至る広大な大陸を繋ぐ中央軸と完全に重なることがわかります。女性様式（S）で、創造された3つの大陸が、1本の曲線（円）で、有機的に繋がれていることがわかります。下は、N.7とS.7に至る構図です。

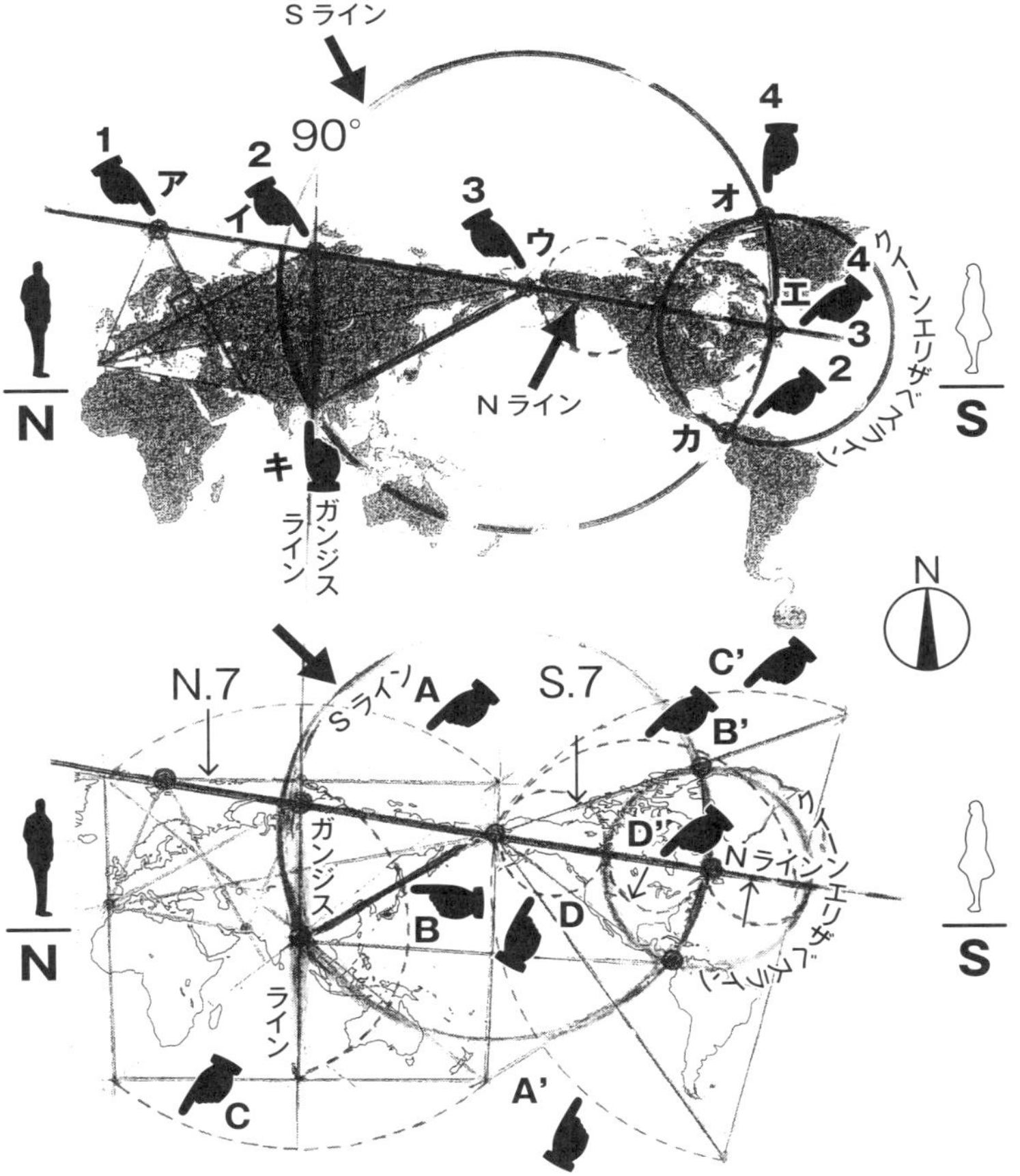

S ライン
90°
1
ア
2
イ
3
ウ
4
オ
エ
4
3
2
カ
キ
N ライン
ガンジスライン
ウィーンエリザベスライン
N
S
N
N.7
S.7
Sライン
A
C'
B'
ガンジス
D''
Nライン
B
D
ライン
C
A'
ウィーンエリザベスライン
N
S

A=A'　B=B'　C=C'　D=D'

6　表紙にデザインされたN《男》&《と》S《女》（δ）《（つなぎ）》の由来について

表紙に用いられているデザイン、（δ）の形は、N《男》とS《女》の一体化を象徴しています。直線3本で構成される形（く）は、同じ直線3本で構成される（N）の変形です。（δ）のデザインはN《男》とS《(女)》の一体化を象徴します。「神の暗号N《男》&《と》S《女》」を一文字（δ）で表現しています。このデザインは、経ヶ峰の中腹の谷川で見つけた、化石の岩盤の表面にデザインされていた形です。岩盤は、今から約二千万年前の一志層郡です。たくさんの化石の集合体で、全体の形は一見して、経ヶ峰の形をデザインしたものでした。大きさは、高さ約40センチ、幅は60センチほどありました。たくさんの貝の化石におおわれた岩盤の中央には、濃緑色のコケのようなもので、「S」の文字が描かれていました。当初、文字の書かれた意味を理解することなく、化石にしか興味のなかった私は、タワシのようなもので、他の汚れといっしょに、この文字を洗い流してしまいました。次ぐ日の早朝、窓から射し込む太陽の光に照らされて、乾きかけた岩盤の中央に、「S」の文字がくっきりと浮かびあがっているのがわかりました。その時、自分の愚を悟り創造主の意図を知りました。その岩盤の中央、てっぺんあたりから、不思議な、蝶のような形をした小さなものが飛び出しました。回転しながら次第に大きくなり、螺旋状に回りながら、私の所まできた時には、豆つぶほどの小さかったものが、1mほどに巨大化していました。蝶のように見えたものは、半透明な光の板のようなもので、縦横1mほどありました。四角い光の板のような表面には、黒い「S」の文字が読みとれました。くるくると回転しながら、時々停止し、私が文字を確認すると、再び回転を始め、突然私の眼前から忽然とその神秘な現象は消えました。金色の光の板のようなものの上には、私が消し去ってしまった「S」の文字が、黒い墨で書かれたようにデザインされていました。「神の暗号N&S」の表紙に、この形「S」を採用したのは、創造主からのこんな教示があったことによります。万生万物を創造された、全知全能のアーティスト神霊からのメッセージを刻んだこの石は、現在私のもとにはありません。所有者に迷惑がかかることも考えられ、この件は秘密とさせて戴きます。一見、絵空事のように思われるかも知れませんが、すべて私の身に、現実に起こった出来事を、忠実に、ありのまま記述したつもりです。実際に、この石には様々な驚異が存在していて、一言で語り尽くせない神秘がありました。岩盤に描かれた「S」の文字は、貝の化石によって、さらに豊かな表現で描かれており、大様式で表現された方向性を示す貝の配列は、アートそのものでした。

7　創造主によってデザインされた、三重デザインの始まり

前著作を踏襲する形となりますが、次ページの、四角く囲まれた（1～3）がそれに当たります。3本の曲線によりデザインされた卵の形（1）が始まり、波打つような形（2）が動き出した生命、直線と曲線、凸と凹、3個と1個の三角形でデザインされた形、（ア・イ・ウ・エ）が、これから始まる「人生の縮図・三重」の基礎を象徴しています。鈴鹿山系（オ）と長谷山（カ）、青山高原（ク）と経ヶ峰（キ）、男性様式と女性様式を代表する山々が、これから、（ア・イ・ウ・エ）のシンプルな基礎様式を基に、展開します。前著作にも載せましたが、（4）と（5）は現在も見ることはできますが、（1）～（3）は、創造主が、巨大な空間の中で、映画のワンシーンを見せるように、写し出された作品です。私がかつてジャスコ久居店と呼ばれた場所で働いていた時のこと、その日は休日で、私は4階の事務所の廊下を歩いていました。突然のように、私の目の前を銀色に光る光の糸のようなものが横切りましたが、その時、目の前の非常扉を押し開けると、（1～3）の形をした大地とも、山とも形容しがたい形が、北方に向かって、広大な空間の中に写し出されていたのでした。広大な大平源の彼方に出現した、生命の始まりの映像は私が持っていたメモ用紙に書き写した後、忽然と消失しました。

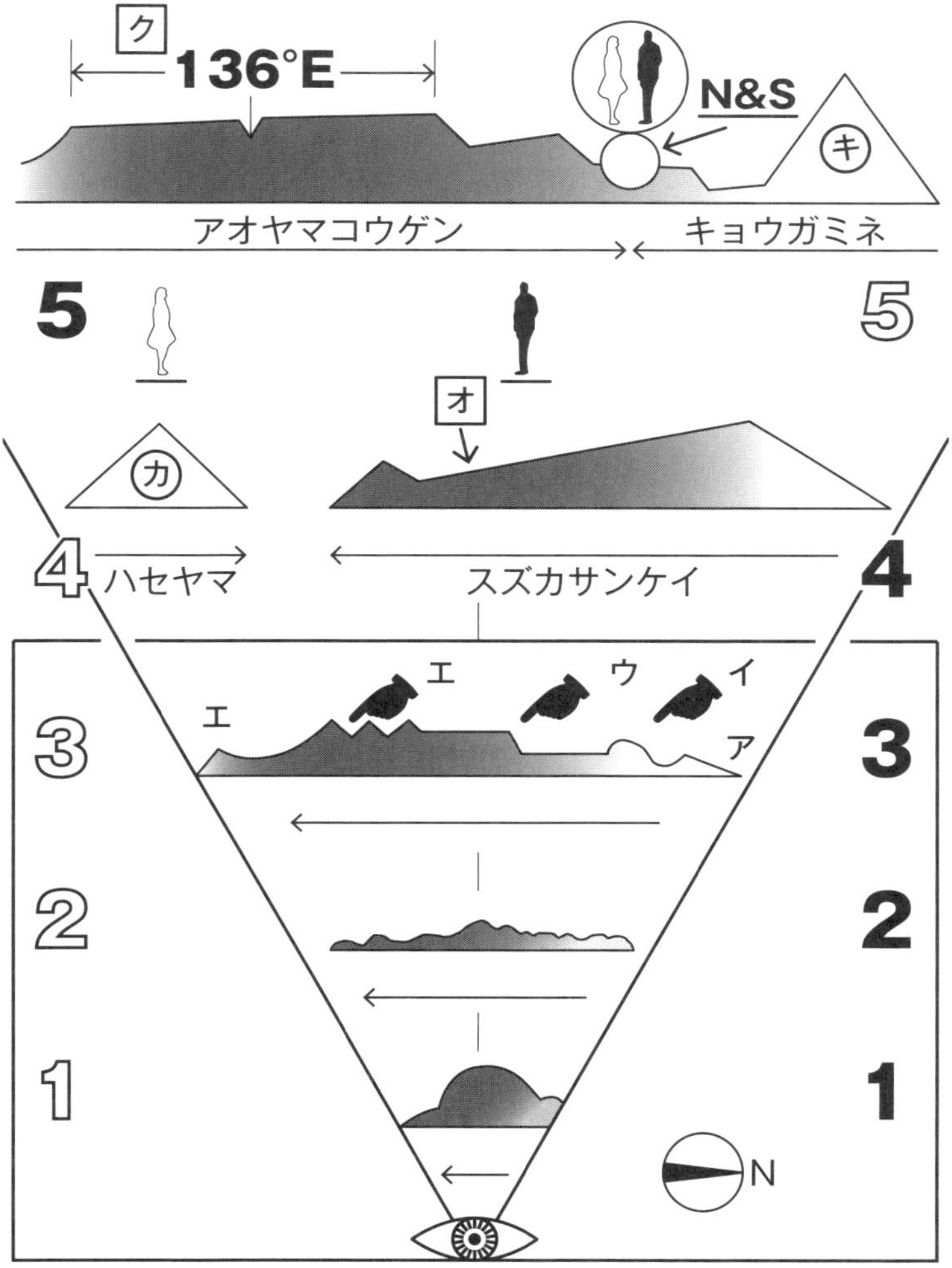
ク
136°E
N&S
キ
アオヤマコウゲン
キョウガミネ
5
5
オ
カ
4
ハセヤマ
スズカサンケイ
4
エ
エ
ウ
イ
ア
3
3
2
2
1
1
N

8　創造主によってデザインされた、白雲のアート

33ページの絵は、かつて神の視点軸として存在していた、元・ジャスコ久居店の４Ｆ食堂ベランダの南方、矢頭山と堀坂山の間に出現した、白雲のアートです。大店舗が休日で、私が４Ｆの食堂に入った時の出来事でした。突然、私の目を射るようなまぶしい光が私の目を照らしました。幅20メートルほどの食堂の壁には神秘な白光によって、壁いっぱいにＶ字形をした形が投影されていました。その時の光が、太陽のような光でないことはすぐにわかりました。ぶ厚い10㎝以上もあるような壁を貫いて射し込む白い光は、今まで見たこともない種類の光でした。私は驚いて食堂の外に張り出したベランダの外に出ると、南方の２つの山の頂きの上に、まるで白い絵の具を流し込んだような白雲が、見事な形の絵を描いていました。紺碧の澄んだ空いっぱいに、見事な２つのＶ字形と、４つのリズムで象られた円と、直線の組み合わせによる雲の形が、素晴らしいアートを、２つの山の然るべき位置に、最も美しい形で描かれていました。女性様式を代表する矢頭山と、男性様式を代表する堀坂山、２つの山のほぼ中央に位置するような形でデザインされた白雲のアートは、今でも私の心に浮かび、新鮮な感動を呼び覚ましてくれます。

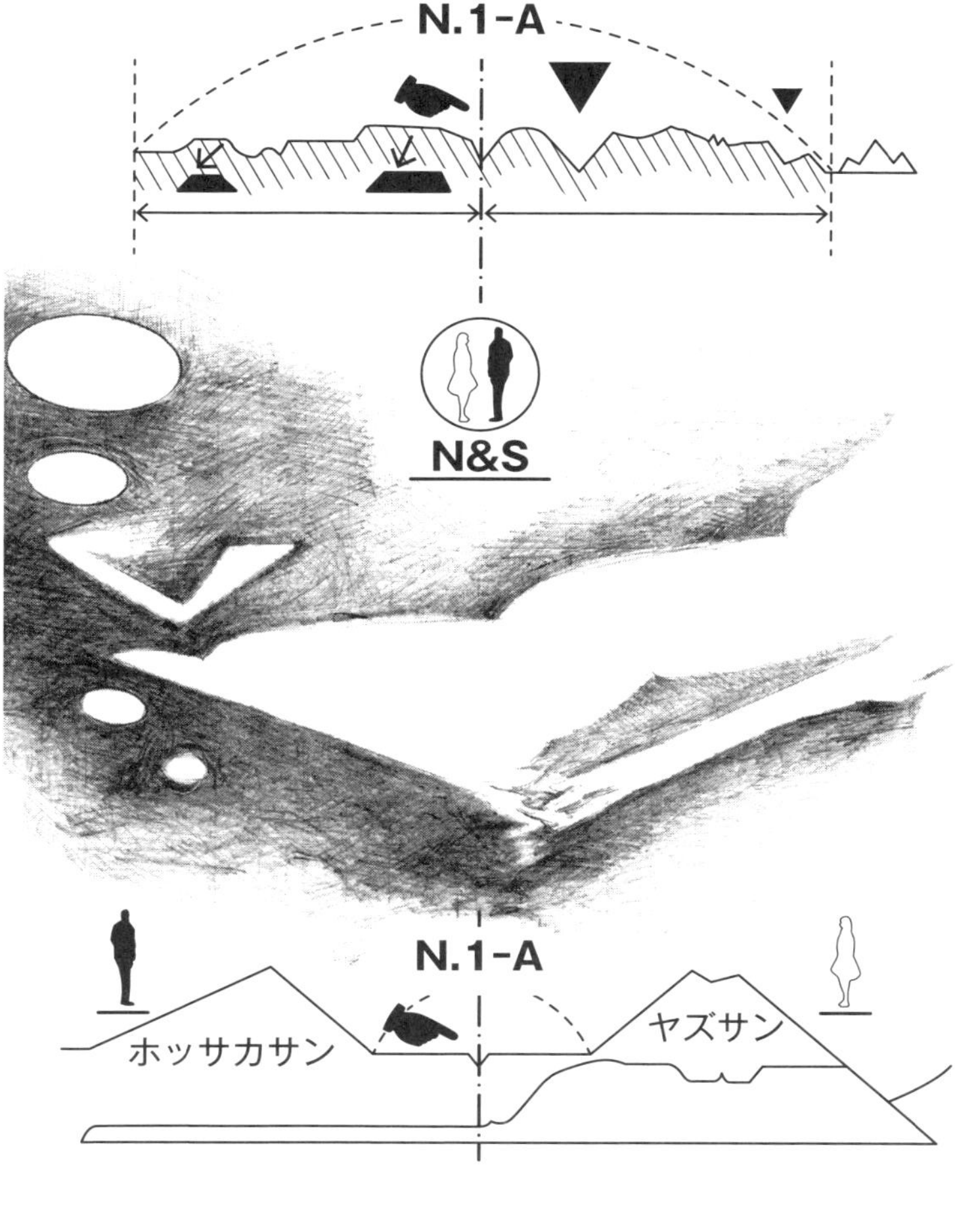
N.1-A
N&S
N.1-A
ホッサカサン
ヤズサン

9　謎の3つの大陸とジーランディアの残したもの

日本の13倍もあったと言われ、二千五百万年前に海に沈んだと言われるジーランディア。ニュージーランドと、ニューカレドニア諸島は、ジーランディアの名残りと言われます。もともと、オーストラリアとジーランディアはひとつの大陸だったものが、地下のプレートの力によって、あるいはマグマの力によって、引き離されて残ったものが、現在のニュージーランドと言われます。左の図は、古代に実在したと言われる、ジーランディアの図です。一見してオーストラリアの曲線的な東海岸線が、ジーランディアの分離によって生じたことがわかります。又、残されたニュージーランドの形は、「神の暗号N&S《男と女》」が描く構図「N.7」の重用な一角を担っています。又、北西方向に延びた島の形は、日本から、フィリピン諸島、ニューカレドニア諸島にかけて延びた、巨大な、S字状曲線につながり、「神の暗号N&S《男と女》」による、構図上重用な位置を占めており、必然的な形でジーランディアは、海中に没したと考えられます。大西洋にあったとされるアトランティス大陸、大平洋に存在したと考えられているムー大陸、これらの大陸も同じ意味で海中に没したと思われます。丁度、描かれた作品に不必要であった部分が消し去られ、必要な形のみが残された形です。現在の地球デザインに、「神の暗号N&S」にそぐわない形は存在しません。

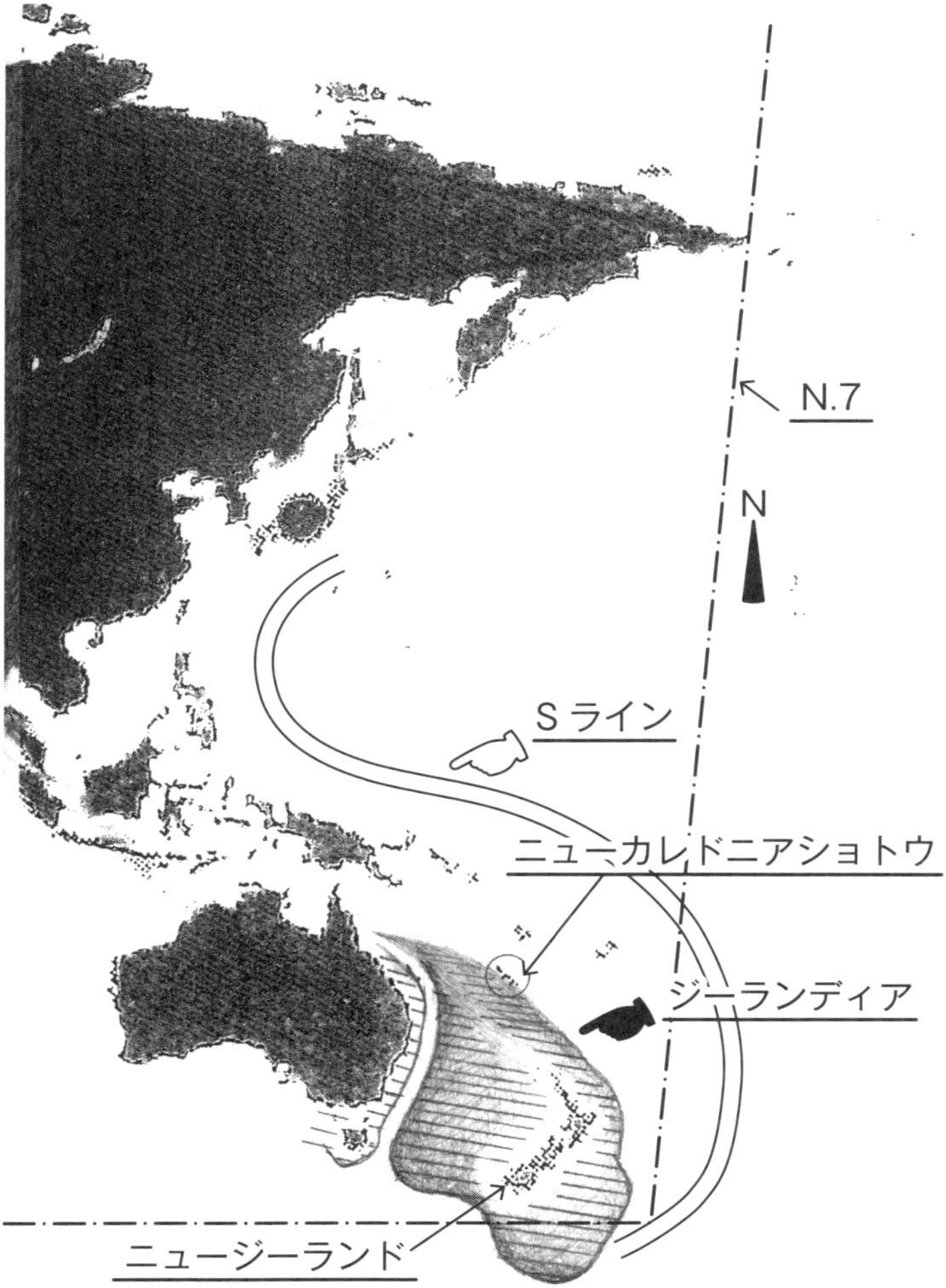
N.7
N
Sライン
ニューカレドニアショトウ
ジーランディア
ニュージーランド

10 「神の暗号N&S《男と女》」と、有機的に繋がる大陸や島々

37ページの図は、東経90°線を中心にデザインされた地球の表と裏です。大平洋を前面として相対する、逆台形と、逆三角形の構図、そして、大西洋を後面としてデザインされた構図を示しています。それぞれの大陸の南端と北端、東端と西端、大陸と大陸の接点、大陸と島々の中心を結ぶ中心線、それぞれが高度に様式化されたインテリジェンスな美しさで繋がります。尤も、すべての世界地図でこんなに理想的な構図で描けるわけではありませんが、しかしながら、恣意的に作った世界地図でもありません。一般的に流通している世界地図で、偶然描くことのできる構図でもありません。地球の内部でドロドロに溶けた溶岩が偶然に固まってできた形ではありません。ＩＱが高い人でも、これだけ高度な構図を考え出すのは容易ではないと思われます。

何よりも、無駄な島や、大陸の出張りが全く無く、「神の暗号・Ｎ&Ｓ」の構図に従って配列されており、象られているのは明らかです。グリーンランドとアイスランド、そしてイギリス諸島の中心を貫く1本の直線によってできるダイヤモンドカットにも似た構図（S.6）、スバールベル諸島や、スカンジナビア半島を中心にできる安定感のある三角構図を持つ（N.6）等、アートの魅力はつきません。

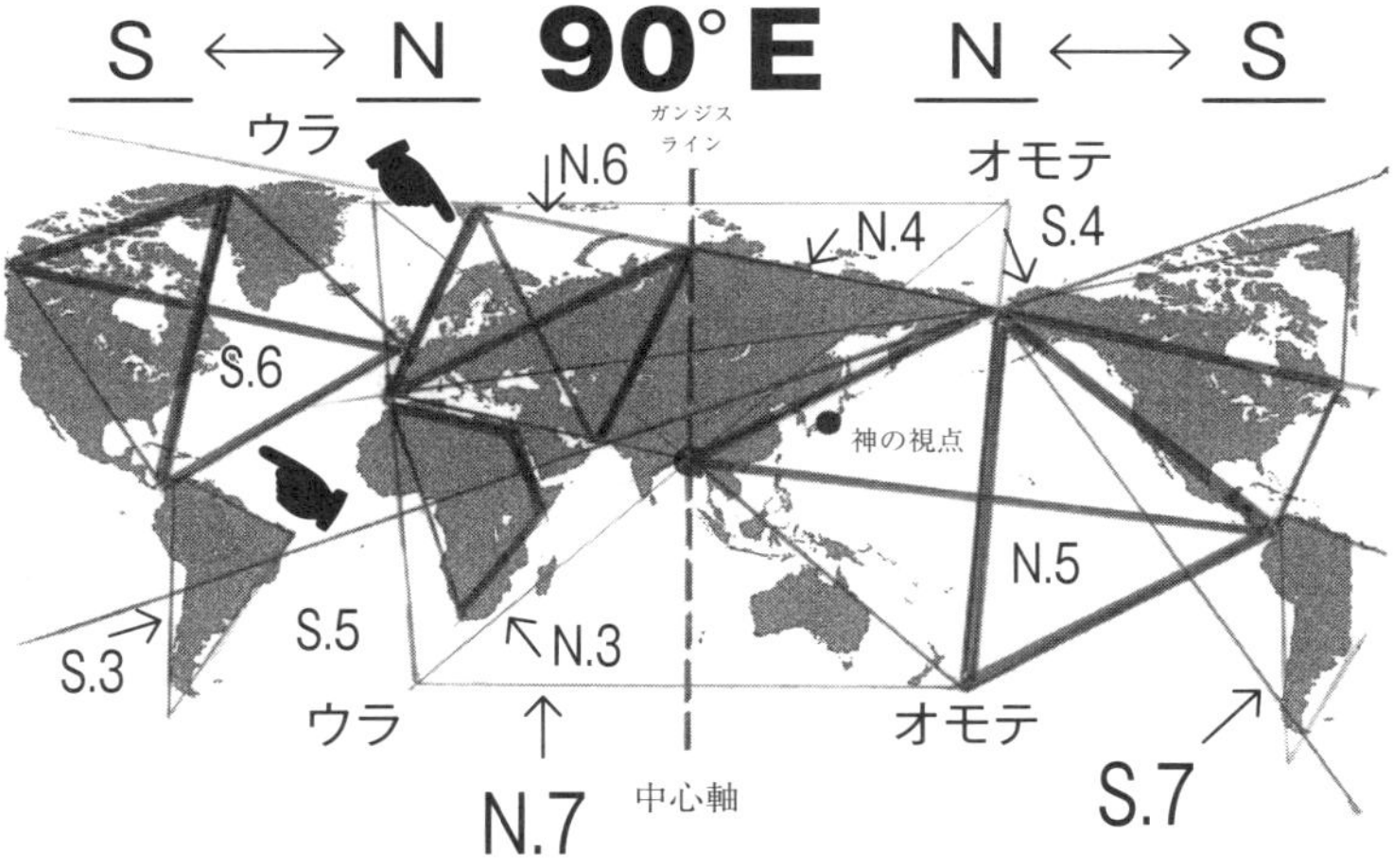
S ⟷ N
90°E
N ⟷ S
ガンジスライン
ウラ
オモテ
N.6
N.4
S.4
S.6
神の視点
N.5
S.5
N.3
S.3
ウラ
オモテ
中心軸
N.7
S.7

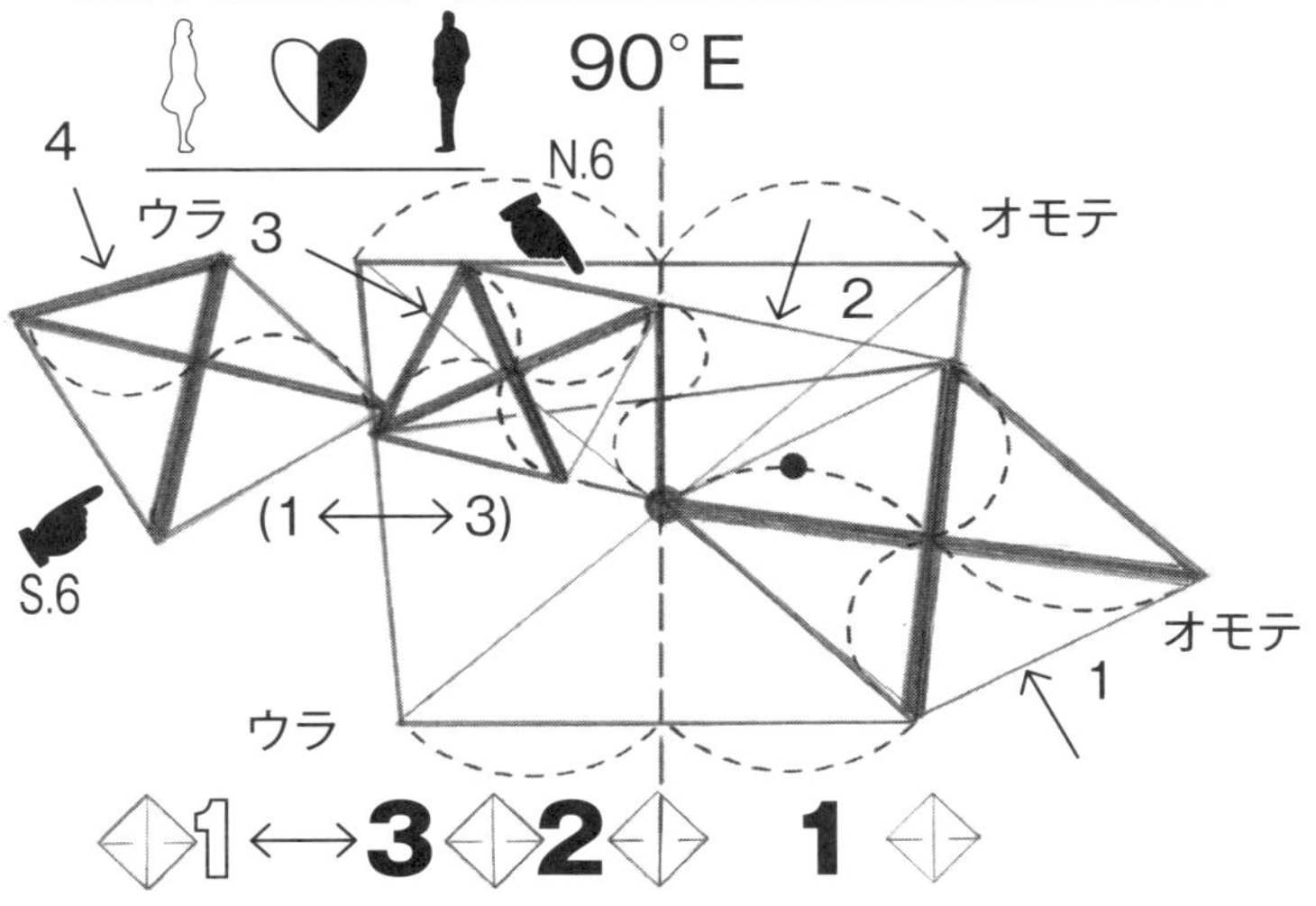
90°E
4
N.6
ウラ
3
オモテ
2
(1 ⟷ 3)
S.6
オモテ
1
ウラ
1 ⟷ 3 2 1

11　三重デザインを象る基本の尺度・N.1－AとN.1－B

左の図は、久居・一本松より見た青山高原の形です。約5°の右肩上がりの青山高原（N.1－A）とそれに続く（N.1－B）の図です。東経136°線を中心軸に、デザインされた青山高原は、2分割する（N.1－A）で構成されます。（N.1－A）は、神の視点軸（元・ジャスコ・久居）から見ると、西方正面に見えます。又、青山高原は、久居駅からでも見ることができます。又（N.1－A）の一辺を約3倍すると、最後の3つ目の台形と重なり、（N.1－A）とほぼ同じ幅を持つ経ヶ峰の南面、曲線で波打つ面と相対する形となります。男性様式で創造された布引山系（青山高原を含む）は、女性様式で創造された三角形の経ヶ峰と、長さの点でも3対1の大様式の構成を示しています。「神の暗号・N&S」のSの形が、N.1－Bと重なりますが、近年の山頂の開発により失われつつあります。（N.1－A）と（N.1－B）、2つの尺度によって、「人生の縮図・三重」は創造されています。養老山系あたりを誕生の地として始まる「人生の縮図・三重」は、この2つの尺度で、壮大な人生の物語りをデザインし、パーツとしての山々は百以上に上ります。東経136°線を中心にデザインされた「人生の縮図・三重」は、同じ意義で創造された「人生の縮図・地球」の、東経90°線と有機的に繋がり、最終的には、N.7とS.7の大構図で結実する形となります。

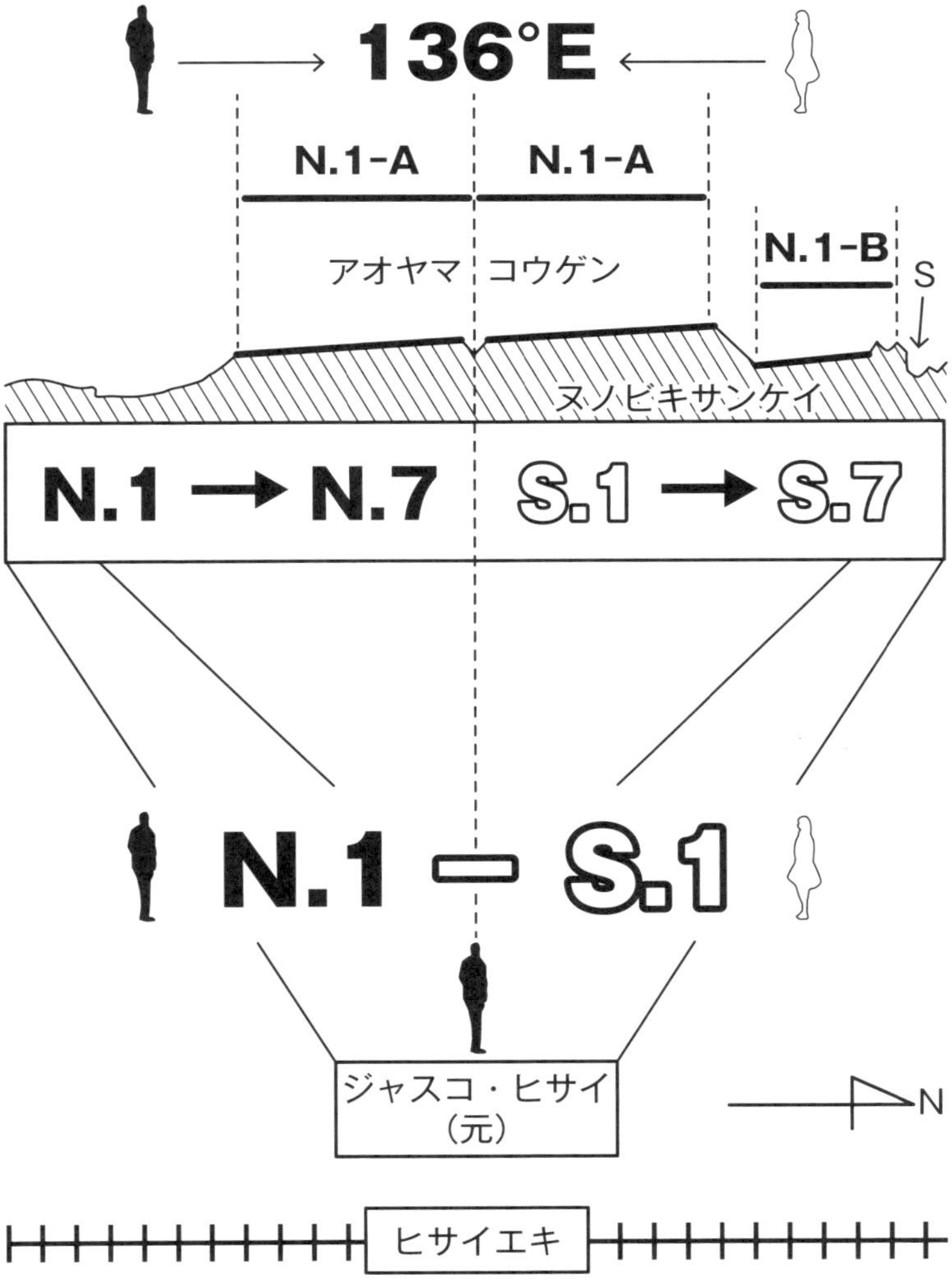
136°E
N.1-A
N.1-A
N.1-B
S
アオヤマ
コウゲン
ヌノビキサンケイ
N.1 → N.7
S.1 → S.7
N.1 − S.1
ジャスコ・ヒサイ
（元）
N
ヒサイエキ

12 「人生の縮図・地球」を繋ぐ、4本の相対するライン

「人生の縮図・地球」は、中心軸、東経90°線を中心に創造されていますが、他に4つの接点(ア・イ・ウ・エ)を繋ぐ、1本の直線があります。又、この2本の直線に相対する形で、2本の曲線が存在します。41ページ、(オ・エ・カ・キ)の4箇所を繋ぐ1本の円周Sラインは、1本の直線Nラインと有機的に結びつきます。同じように、ガンジスライン(東経90°線)は、女性様式で創造された3つの大陸を繋ぐ1本の円周、北アメリカ大陸東端・(エ)を中心としたクイーンエリザベスラインと有機的に繋がる、相対する構図となっています。男性様式で創造されたユーラシア大陸の中心を貫く1本の直線、東経90°線、そして女性様式で創造された北アメリカ大陸の中心を貫く1本の曲線、クイーンエリザベスライン、この2本の相対する直線と曲線を有機的に繋ぐ形で、4箇所ずつの接点を持つNラインとSラインは存在します。Nラインは、ア・イ・ウ・エの接点を1本の直線で繋ぎ、Sラインは、(オ・エ・カ・キ)の接点を1本の曲線で繋ぎ、2つの相対する形は、N側、S側の接点をそれぞれ3対1で繋ぐ、大様式の構図で完結しています。三重デザイン、「N.1(花婿)&S.1(花嫁)」で始まる構図は、4本の有機的に繋がる直線と曲線により、地球デザインは完成します。

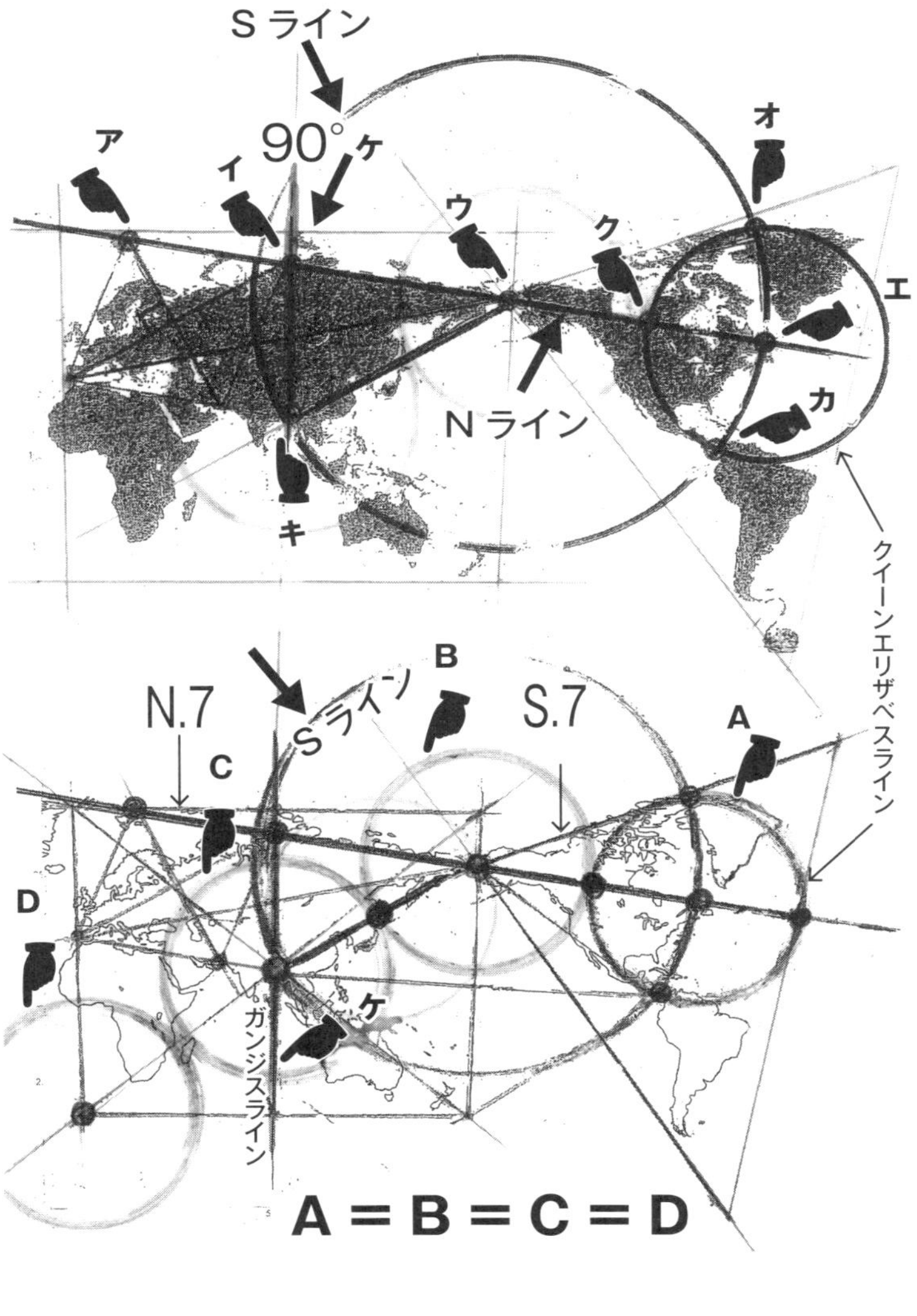
Sライン
90°
ア
イ
ケ
ウ
ク
オ
エ
カ
Nライン
キ
クイーンエリザベスライン
B
N.7
Sライン
S.7
A
C
D
ケ
ガンジスライン
A＝B＝C＝D

13　数理が支配する、神のアートの世界

東経136°線を中心軸として創造された三重デザイン、そして、東経90°線を中心軸として創造された地球デザイン、その中で最も多く使用されている数があります。それが偶数4を中心に、1を始まりとした3の倍数となります。神様のアートは、すべて数の組み立て、数理による調和が基本となっています。それは、生命の設計図、遺伝子DNAが、4個の塩基配列によって組み立てられているのと基本的な一致を示しています。日本は、大きな本州が中心に据えられ、そのまわりを、ひとまわり小さな3つの島、四国、九州、北海道がとり囲み、ひとつの大様式を構成しています。又、地下では、4枚のプレートが接しており、1つの大様式を構成する国となっています。地球は、大きなユーラシア大陸を中心に、ひとまわり小さな3つの大陸が相対する4つの大陸による大陸式を構成する形を示しています。そして、究極的には大宇宙も、4つの層によって構成される大様式を示しています。そして、この本の表紙をデザインした、創造主によるデザインも、4本の線による大様式を示しています。極小の遺伝子DNAから始まり、無限の大宇宙に至る壮大なアートの世界に至るまで、神のアートは、数のアートとも言えます。

13④69

90°

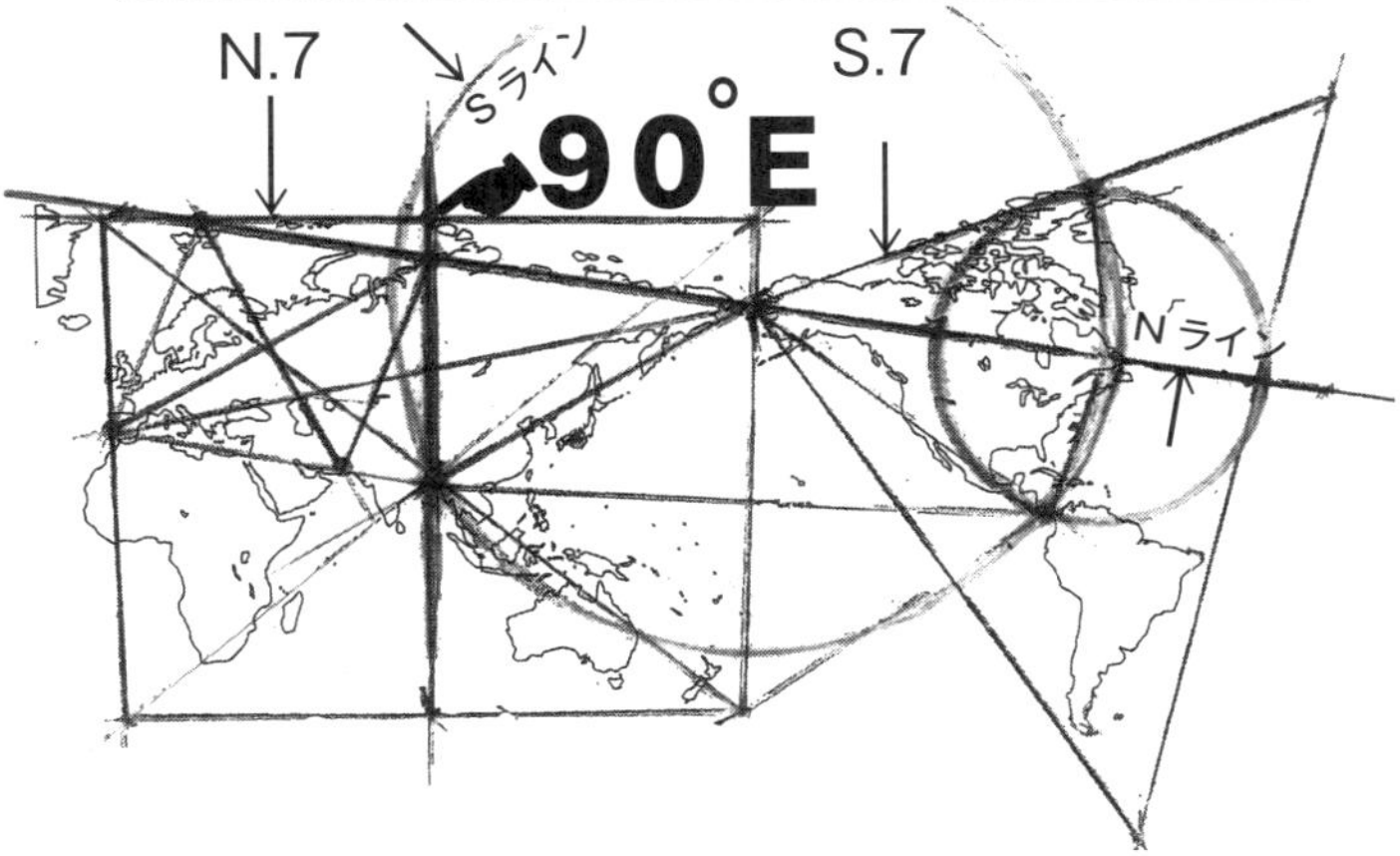

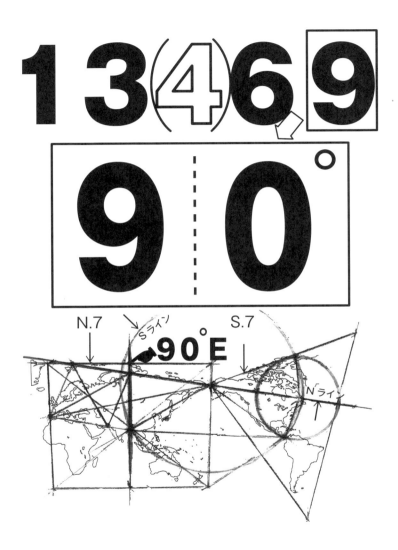

14 「N&S《男と女》」がデザインする、表と裏の人生の縮図

45ページ、下の写真は「神の暗号N&S《男と女》」が、デザインされた山です。上は、女性様式を代表する、大西洋、S字ラインを描く後面（裏）を中心としたデザインを示しています。全体的に台形を中心とする形、大平洋を中心に前面、S字形をした大西洋を中心とする形を後面とします。「神の暗号S《女》」は、3種類の線で構成され、「神の暗号N《男》」は、2種類6本の線で構成されることは、前著作で詳しく説明しました。この3本と6本の描く構図の相対する形が、人類の生活する地球の形を決定づけています。東経90°線を中心に創造されたユーラシア大陸（父）は、90°線により東西を2分割する形と、東端（ウ）と西端（オ）を結ぶ、南北を2分割する形、合計4つの面で創造されています。全体的には、神の視点軸となっている日本に面した形が前面、反対に北極海に面した海岸線が後面となっています。大平洋、インド洋に面した形に、凹凸多く、鋭い直線的な海岸線が多いのは、「神の暗号・N《男》」の前面が、3本の直線に由来しています。相対する、女性様式を代表する3つの大陸の前面キ・ク・ケが、凹凸のない、美しい海岸線となっているのは「神の暗号S《女》」の前面に、S字形のラインが配置されていることに由来します。後面（イ）は、その反対となります。

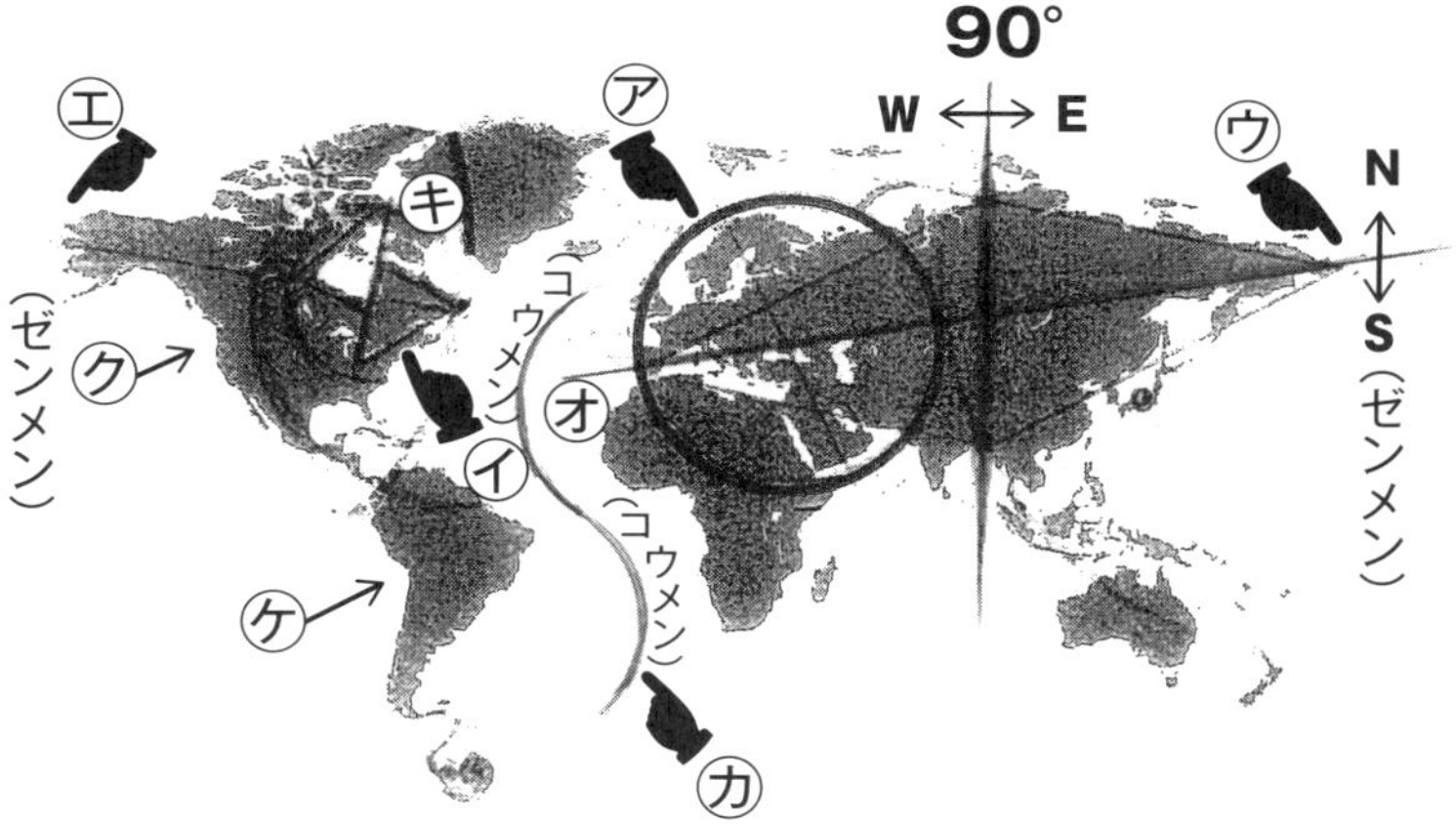
90°
W ⟷ E
N
S
ア
イ
ウ
エ
オ
カ
キ
ク
ケ
（ゼンメン）
（ゼンメン）
（コウメン）
（コウメン）

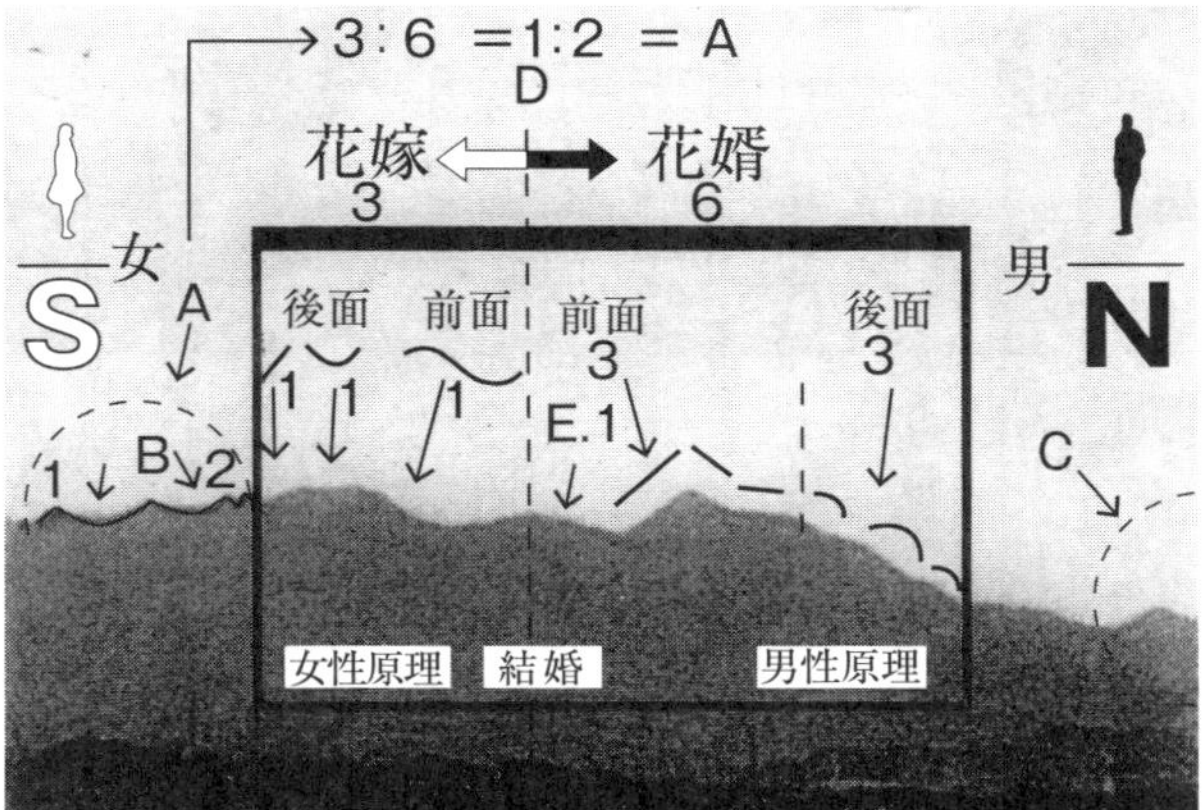
3:6 =1:2 = A
D
花嫁
3
花婿
6
S
女
A
男
N
後面
前面
前面
3
後面
3
1
1
1
E.1
B
1
2
C
女性原理
結婚
男性原理

15　天空を朱に染めるビッグバンの輝き

47ページの絵は、前著作の最終の127ページ、４番目の奇跡の出来事を俯瞰的に描いた絵です。書かれた４つの球体について、説明不足と、具体性に欠いていた部分を補っておきたいと思います。オレンジ色に輝く球体について、私の頭上高く、私に最も近い球体から、突然細胞分裂を起こすように、まるで泡のように、たくさんの球状の物体が出現したのです。放射状に飛び出した泡のようなたくさんの大小様々な球体は、やがて天空を幻想的な朱の光に染めあげてゆきました。私の頭上高く出現した、球体の内、３個までが同じようなビッグバン現象を起こし、天空を淡く美しい荘厳な朱の光で、輝かせるのを確認できました。規模こそ小さくはあっても、137億年前、宇宙の始まりに起こったとされるビッグバン現象の再現であったと私は信じています。２０１８年3月、車イスの天才物理学者として知られる英国のスティーブン・ホーキング博士が76歳で死去しました。彼は、宇宙の起源に関する論文で、たくさんの宇宙が、泡ができるように無限に生まれ続けたと説いています。創造主である、アーティスト神霊が私に教示された現象も、凝縮された宇宙の根元物質が、まるで泡のように無数の星々を生み出してゆく荘厳な、同じような光景が私の頭上高く、数分間続きました。

16　雲の柱は、宇宙の根元物質（ダークマター）の柱

49ページの、屋上のベランダに立つ私の、数メートル先に出現した幅2.5メートルほどのレース状の柱は、円筒形の雲の柱が消滅して数分後に出現したものです。この薄墨を引いたような、垂直に天に延びたレース状の柱は、円筒形の雲の柱と同じ、神の視点軸上に出現しています。見た目は少し違っていましたが、同じ根元物質で創造されものと思われます。ビッグバンの驚異的な現象は、雲の柱や、レース状の柱の出現後、約2時間くらいして、夜間に起きた教示として、私の頭上高く、同じ神の視点軸上で教示された現象です。雲の柱については、旧約聖書の中で、出エジプト記に同じような記述が見られます。少し違っているのは、ダークマターの記述が見られないところかも知れません。霊の柱という記述は、空を流れる雲をイメージさせますが、本質的な意味で違っていると思われます。雲の柱は、雲ではなく、実体はダークマターの柱なのです。宇宙や、あらゆる物体の背後にあって、通常、人間の目で見ることはできません。私は、創造神の力によって、ナイアガラの滝のように、集められたダークマターの滝が、一本の壮大な柱のようになって、雲の柱となって天空より地上に流れ落ちるのをはっきりと見ることができました。

17　銀色に光る、神秘の光の糸が乱舞する

51ページの絵は、神の視点軸近くで、私が実際に体験した現象です。早朝の解錠のため、私が、事務所前の通路を歩いていた時の出来事でした。突然、私の前を、長さ1メートルほどの光の糸のようなものが横切りました。まるで、空間を泳ぐように、私の目の前を通り過ぎていった謎の光に、初め、目の錯覚かとも思いました。私が、事務所を解錠して中に入ると、さきほど見た謎の無数の光の糸が、部屋の中をまるで生き物のように、現れたり消えたりする現象が起きていました。特に、光の糸は窓に集中していて、その光景は、さながら宝石箱の中に迷い込んだかのようでした。私は、外で何が起こっているのだろうと、恐る恐る、4Fベランダに通じる非常扉を開けました。外に出ると、今まで見たことも、経験したこともないような世界が広がっていました。北の方の非常扉の、通常なら下方に見える家々の姿は消え、まるで霧とも雲ともつかない物でおおわれており、その間を、数メートルの光の糸のようなものが乱舞する現象が見えました。前著作、75ページのような光景が、私の前に広がり、その彼方には、創造主自らが描かれた、「人生の縮図・三重」の誕生のデザインが広大な広々とした大地の上に写し出されていました。

18　ゆがむ空間と、神秘の蝶モルフォ蝶

この体験をした時期は、「神の視点軸」となっていた場所が開発により、住宅地に変わってから既に何年も過ぎていました。前著書の最後の章、奇跡の出来事の5番目に、白く輝く球体として少しだけ書かれています。リーマンショックで騒がれていた時期でもあり、当時、私がある工場の出入管理をしていた時のこと、時間的には、深夜の2時頃だったと思われます。前が駐車場になっており、その後ろは山になっていました。うつらうつらしていると、何もない駐車場の端にいつのまにか鋭い光を放つ1個の発光体が出現していました。最初私は、残っていた黒色の車のライトか、誰かがいたずらでサーチライトのようなものを置いて、こちらを照らしているのかと思っていました。私は不審に思い、その発光体から数メートル近くまで近寄りました。驚いたことに、その鋭く光る発光体のまわりには何ひとつなく、発光源とおぼしきものは、何もありませんでした。私は再びもとの場所にもどるとイスに腰かけ、再び謎の発光体を見ていました。信じられないことに、目の前の空間が突然ゆがんだように見えると、突然ゆっくりと回転するように光のトンネルのようなものが、その謎の発光体に向かって開かれました。それは、空間に突然謎の空洞が出現したかのようでした。その発光体まで、約80メートルほどの距離だったと思われますが光の渦のようなものが回転しており、その中心から、数

メートルの光の帯のようなものがこちらに向かってくるのがわかりました。その光は神秘的な青い光で、私の目の中に飛び込んできました。私はこの世ならぬ出来事に驚きながらあたりを見回しました。すると今まで見えていたものが消え、太陽のような光が1つ私の前に輝いていました。不思議なことにその光は、どの方向を見ても私の前にありました。私は、自分の目が見えなくなってしまったのかと思い不安でしばらく目をつぶってテーブルの上に顔をうつぶせていました。10分ほどして目をあけると目の前の太陽のような光は消え、駐車場に出現した発光体も消えていました。この不思議な体験をした当日の朝、私はアパートに帰って光の意味を理解することになりました。私の部屋の入口にひとつの箱物が届いていました。箱の中には、注文してあったモルフォ蝶が入っていて、見事な青い光を放っていました。この頃、大宮昆虫館が閉館され、楽しみにしていたことが失われ、意気消沈していました。駐車場に出現した発光体、そして光のトンネルとブルーの光の帯は、モルフォ蝶が届いたことを知らせる神様からの知らせであることを悟りました。滝原神宮前の昆虫館閉館で、神様から届いた、思いがけない奇跡のメッセージでした。

19　神様の使者、白鷺と共に歩む

前著書、127ページの（２）に、一羽の白鷺が、青山高原の中心から私の方に向かってくる姿を書きました。すでに30年以上になりますが、９月の初め頃だったと思います。私は大店舗の３Ｆにいたのですが、誰もいないのに、私の耳に、虹が出ている、とささやきかける女性の声がありました。不思議なこともあるものだと、半信半疑ベランダに出ると、前方300メートルほどのところに、今まで見たこともない見事な虹が出ていました。虹は、当時、産婦人科だった建物と、神社の森の近くの墓地を繋ぐように出現しており、私は直感的に、この虹は人間の誕生と死を象徴するものだと悟りました。産婦人科の上には美しい円筒形のピンク色の光が輝き、高さは約20数メートルほど、円筒形の直径は約６～７メートルあったと思われます。そのピンク色に輝く光の柱から、青く澄んだ空に、まるで絵の具を流し込んだような美しい虹が、神社の近くのお墓を繋いでいました。ピンク色の円筒形の柱は、お墓には出ていませんでした。あまりの見事な美しさに、私は、しばし我を忘れて見とれていましたが、ピンク色の光の柱の中心で、突然、一陣の風が起こりました。ピンク色に輝く光の柱は、一瞬起きた風のためにさらにキラキラと輝きました。私はこの美しい光の中に、神様がおられるのだと直感しました。私はその時、何かしらの予感を感じて、青山高原の方をふり向いたのですが、その中心あたりに一羽の鳥らしきものが、こちらに向かって真っ直ぐに飛んでくる姿が目に入りました。初め、1個の豆つぶほどの大きさだったのに、近づいてくると、それは1羽の大きな美しい白鷺であることがわかりました。白鷺は、私の数メートル先まで近づくと、突然向きを変えて虹の方に向かいました。大きく弧を描くように廻り、虹の下を旋回すると、ピンク色の光の柱に向かいました。光の柱に近づくと、突然、回転するように降下し、ピンク色の光の柱に美しいシルエットを描きながら、吸い込まれてゆきました。あの時の光景の美しさは、生涯忘れることのできないものとなりました。白鷺は、ピンク色の光の柱の中央で止まると、小さく羽ばたきながら、しばらく私の方を見ながら留まっていました。数分後、突然向きを変えると、光の柱の中に吸い込まれるように消えてゆきました。白鷺の出現後、現在に至るまで様々な幸運の導き手として働いてくれています。白鷺が出現すると、何かしら良いことが起きました。たとえば、台風が接近して、三重直撃になるあわやの時、突然消失してしまったり、方向転換して被害を免れたりと、そんな幸運な出来事が何度もありました。

（新）

「神の暗号・N&S《男と女》」

と

人生の縮図

（3）

「三重編」

第3章　三重編

1 「人生の縮図・三重」のアートの流れを検証する

（63ページの図参照）

地理的に見ると、伊勢湾の海岸線の形に添うように、岐阜の南端を誕生の地とし、北（B）から南へ、奈良の県境の山々をもアートの一部に加えながら南下していきます。名張、鈴鹿山系、布引山系、一志、飯南、矢頭山、堀坂山、度会郡へと続き、最終は、伊勢志摩国立公園の山々を通り、二見夫婦岩あたりへと人生の縮図は続きます。最後に、海に浮かぶ1つの島、答志島あたりで、「人生の縮図・三重」は終わっています。神の視点（A）の周囲を巡るように、何十、何百という大小様々な山々が、4個のリズムに従って、大様式というアートの完全な調和を保ちながら、「人生の縮図」が創造されています。「人生の縮図・三重」の創造は、4つの大陸が相対する「地球デザイン」へと繋り、地球における大陸や島々の形を有機的に繋ぎ、壮大なアート作品となっています。前著作「神の暗号N&S《男と女》」から、リメークした「新・神の暗号N&S」を貫くのは、万生万物を創造された宇宙の究極の神様が、ひとりの偉大なアーティスト霊であるという厳然とした事実です。前著作にも記した通り、この書のために教示された霊は、旧約聖書に書かれた、シナイ山でモーセの前に出現された、天地創造の御霊と同じ神霊です。この「新・神の暗号N&S《男と女》」の第2章、創造編の15節、「天空を朱に染めるビッグバンの輝き」の中で、私の見上げる天空で、無数の星々が生まれる様子を記述しました。今から約

137億年前と言われる、宇宙の始まり、ビッグバンの再現を見せられたのは、神の視点軸の出現した（A）の上空高くです。137億年前のビッグバン現象とは比べるべくもない小さな規模とは思われますが、凝縮された宇宙の根元物質から、泡のように次々と生まれる星々の姿は、かつての137億年前の状況と、同じであったと思われます。今年3月に亡くなられた英国のスティーブン・ホーキング博士が、物理学の論文の中で述べた、宇宙の星々が、時間や空間のない状態から泡ができるように無限に生まれ続けるとする説「マルチバース」がありますが、天空高く、透明な朱に輝く空間に、まるで時間が止まったかのように、スローモーションビデオを見るように、ダークマターの球体から、天空に解き放たれるように、無数の星々の子供が生まれ出る様子が今でも脳裏にはっきりと残っています。天空高く、私の頭上に出現した4つの球体の内、3つ目まで、下から上へ順番にビッグバン現象を確認することができました。3つ目の現象が終わった時、私の頭上には、美しい神秘な朱色の輝きが天空を染めていました。本題から少しそれましたが、久居一本松の北西に位置するかつての大店舗の一角、（A）の場所で、私は様々な奇跡を目撃することができました。（B）点の北西から、生命誕生が始まり、西方正面には、「神の暗号・N&S《男と女》」がデザインされた布引山系、そして、東経136°線が中心を通る青山高原が見えます。万物の創造主は、この青山高原の中心、東経136°線を中心に、三重の人生の縮図はデザインされたと教示されます。この中心に向かって、右方向に少し離《はな》れた位置に榊原温泉があります。（B）の始まるあたりには湯ノ山温泉もあり、三重を代表する観光地が広がっています。又、松阪西方に位置する、雄大なアートN.2＆S.2、そして、外宮、内宮の山々、日本人なら知らない人のない山々が繋り、最後は、美しい海岸線で有名な、伊勢志摩国立公園で終焉します。神の視点軸となった場所は今は失われ、住宅地となっていますが、「人生の縮図・三重」は広大な地域を含み、遠くからでも、美の一端、大宇宙を創造された神霊の英知を見ることができます。山々の形を、男女の辿る人生に見立て、ダ・ビンチやピカソ、セザンヌやゴッホにも繋がる芸術に仕立て、今、その作品は、人々の前に公開されました。究極的には、地球創造の謎を解明し、そこに秘められた人類に送られた創造主からのメッセージにまで踏み込んでいます。この書は、人類の歴史上前例のない、アートを通して人類に送られた万物創造の父であり、母である神様からの愛のメッセージの空前絶後の書です。

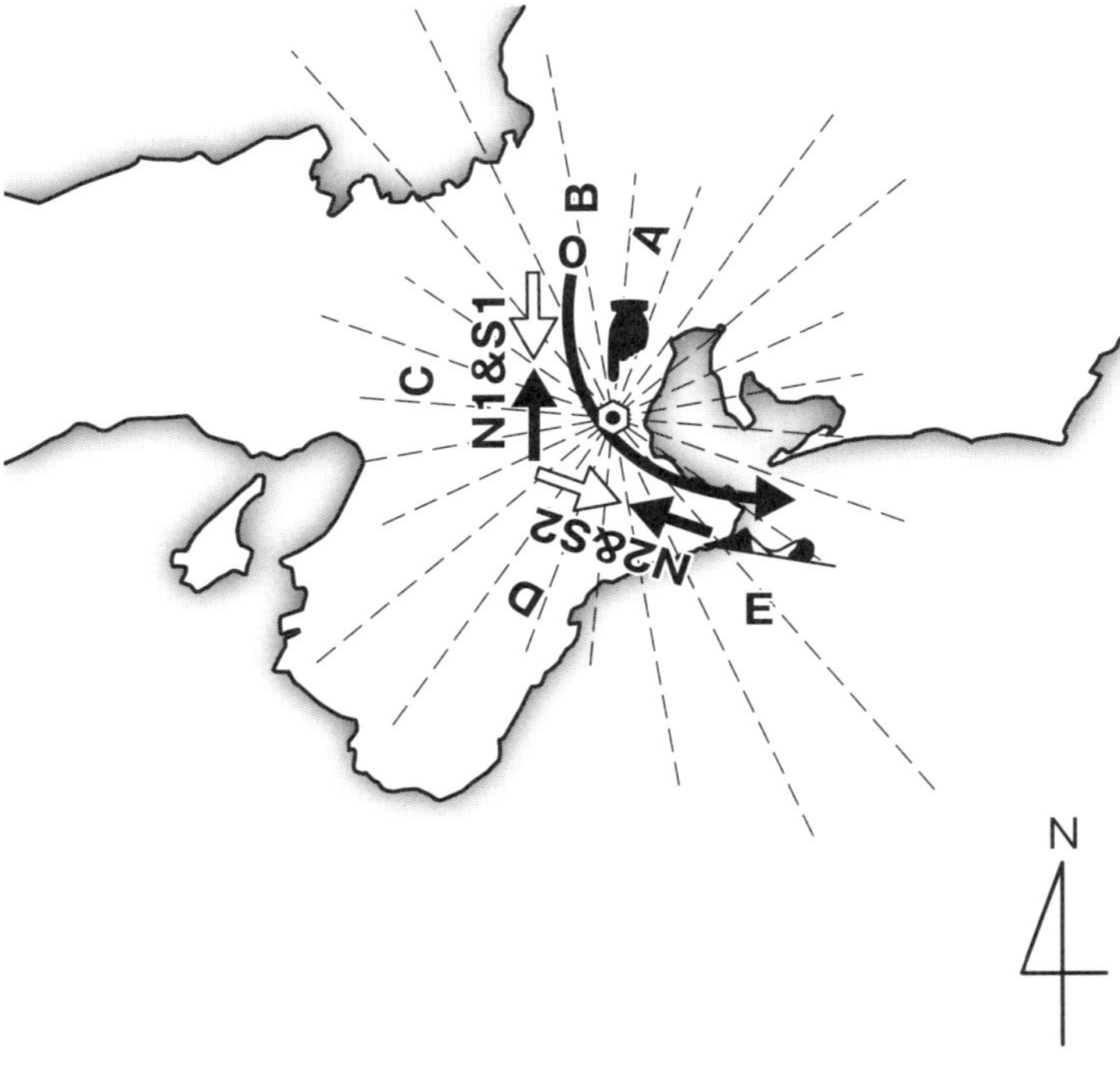
B
A
O
C
N1&S1
N2&S2
D
E
N

2 「人生の縮図・三重」の中心軸、東経136°線と5つの数理

65ページには、東経136°線と、この線によって2分割された青山高原（N.1）の図が描いてあります。1・3・6という数字には深い意味が込められていて、創造主のアートは、4という数をひとくくりに、3&1＝4という形で創造されています。丁度、人類の生活する地球も、ユーラシア大陸を中心に、4つの大陸が相対する形でとらえられています。三重デザインも、中心である青山高原を2分割するライン、N.1-Aを4倍すると、経ヶ峰の山頂とほぼ重なります。経ヶ峰の山頂から、布引山系の右端に位置する小さな台形（A）と接するまでの幅は、N.1-Aの長さとほぼ同じ幅で創造されており、直線的な男性様式と、尺度の点で3対1と相対する形で創造されています。長く大きな台形が右に進行する形で、右端に位置する小さな台形が、最後の4つ目のリズムを形作っており、女性様式を代表する経ヶ峰の、円を描くような曲線的な形と相対する構図で創造されています。65ページの上の数字は、4を中心に、1・3・6・9と、大様式で最も多く使用される数字が配列されています。ちなみに、「神の暗号N《男》&《と》S《女》」の形は、3番目のリズムの流れ、（B）になります。青山高原を中心とする流れは花婿を象徴する形となります。

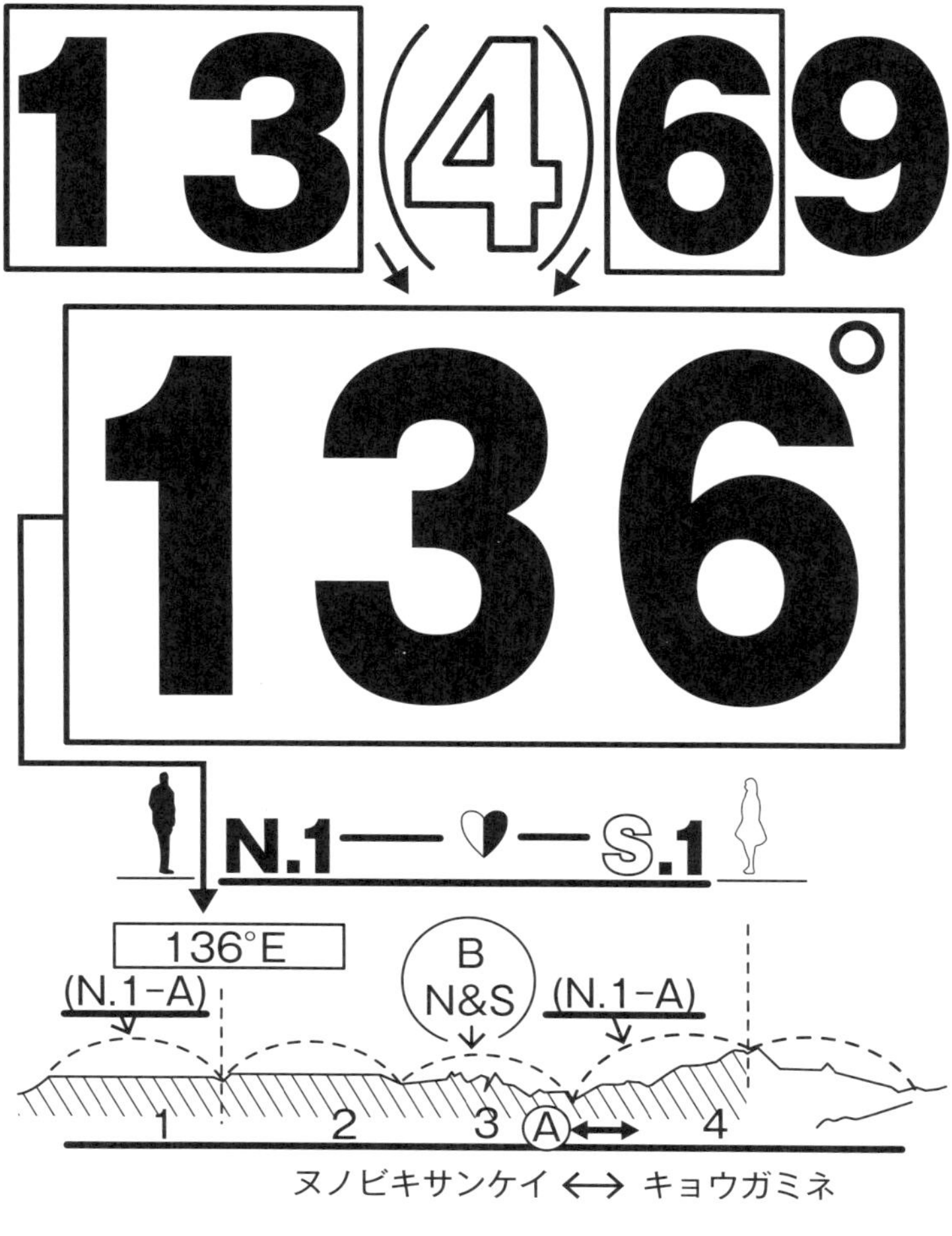
13
(4)
69
136°
N.1
S.1
136°E
(N.1−A)
B
N&S
(N.1−A)
1
2
3
A
4
ヌノビキサンケイ ⟷ キョウガミネ

3　三重デザイン・N（少年）とS（少女）を検証する（1）

67ページ、左上（A・B）と、上右側（E・D'）は、長谷山（少女）と、鈴鹿山系（少年）の相対する構図をシンプルにデザインした図です。長谷山（A）は、少女を象徴する山、経ヶ峰のすぐ隣に位置し、少し小さ目の三角形の構図の山です。（A）の図で見る通り、凹の曲線4本で構成されています。頂上は小さく、下にゆくほど、順次大きくなります。下（D）の図は、（A）（少女）と相対する、鈴鹿山系をシンプルにデザインした形です。（D）の山頂には、（1〜4）に見る、進行を暗示するデザインが描かれています。いちばん高く、大きな（1）番の形は、湯ノ山温泉近く、御在所山頂あたりになると思われます。「神の視点」より見る4つのリズムの流れを暗示する形の山々は、（1〜4）に至る、矢印にも以て、明らかな進行方向を示しています。少年を象徴する山（D）は、青山高原の台形の上底とほぼ同じ幅で創造されています。花婿を象徴する山、青山高原の、東経136°線で分割された、（N.1-A）を、2倍すると、ほぼ鈴鹿山系の幅と重なります。少女を象徴する長谷山、少年を象徴する鈴鹿山系、花嫁を象徴する経ヶ峰、花婿を象徴する布引山系、これらの山々は、「人生の縮図N&S《男と女》」の一部として創造されており、厳密且つ、数学的正確さと、有機的繋りで創造されています。

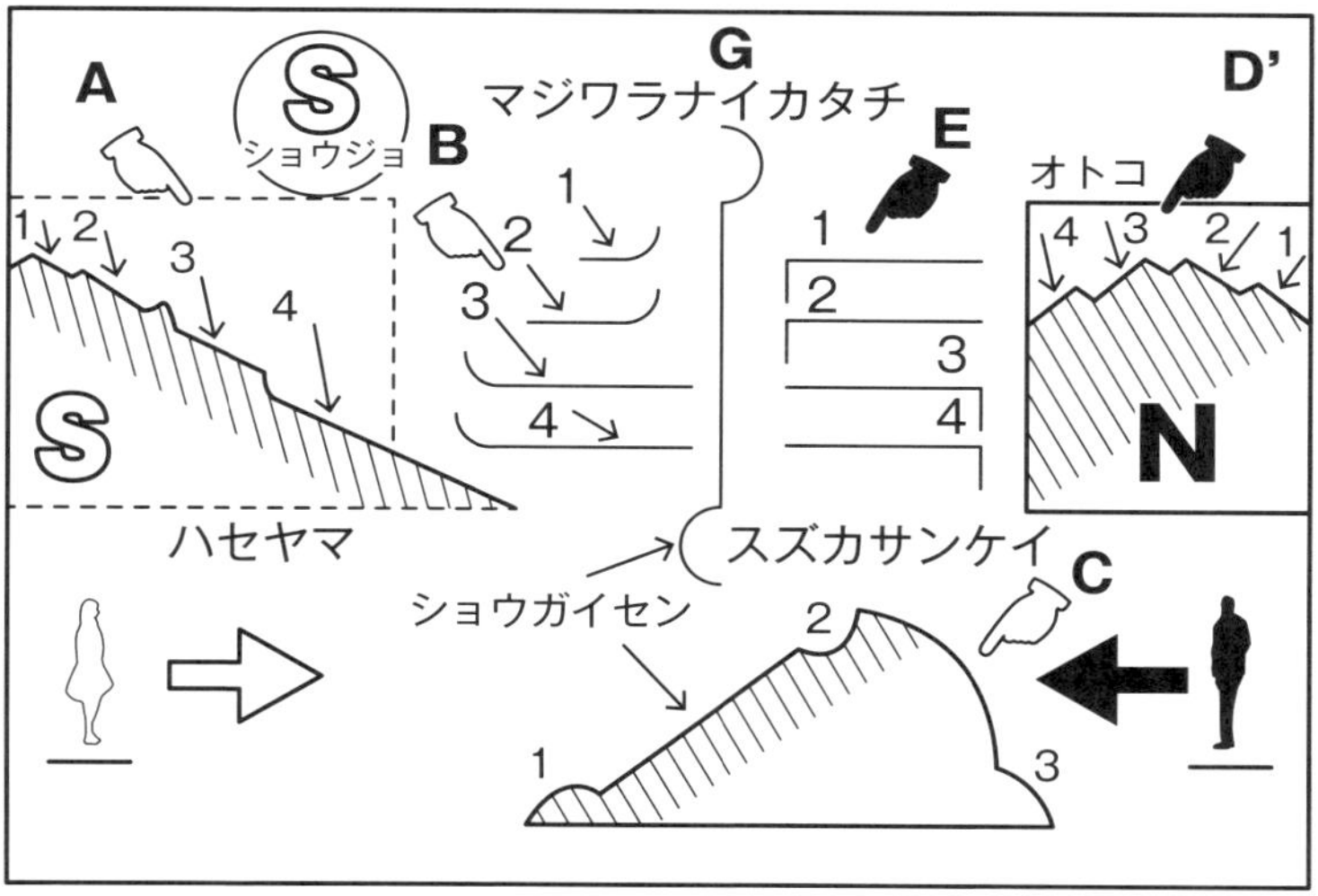
A
S
シヨウジヨ
B
G
マジワラナイカタチ
E
D'
オトコ
1 2 3 4
S
1 2 3 4
1 2 3 4
4 3 2 1
N
ハセヤマ
スズカサンケイ
ショウガイセン
C
1 2 3

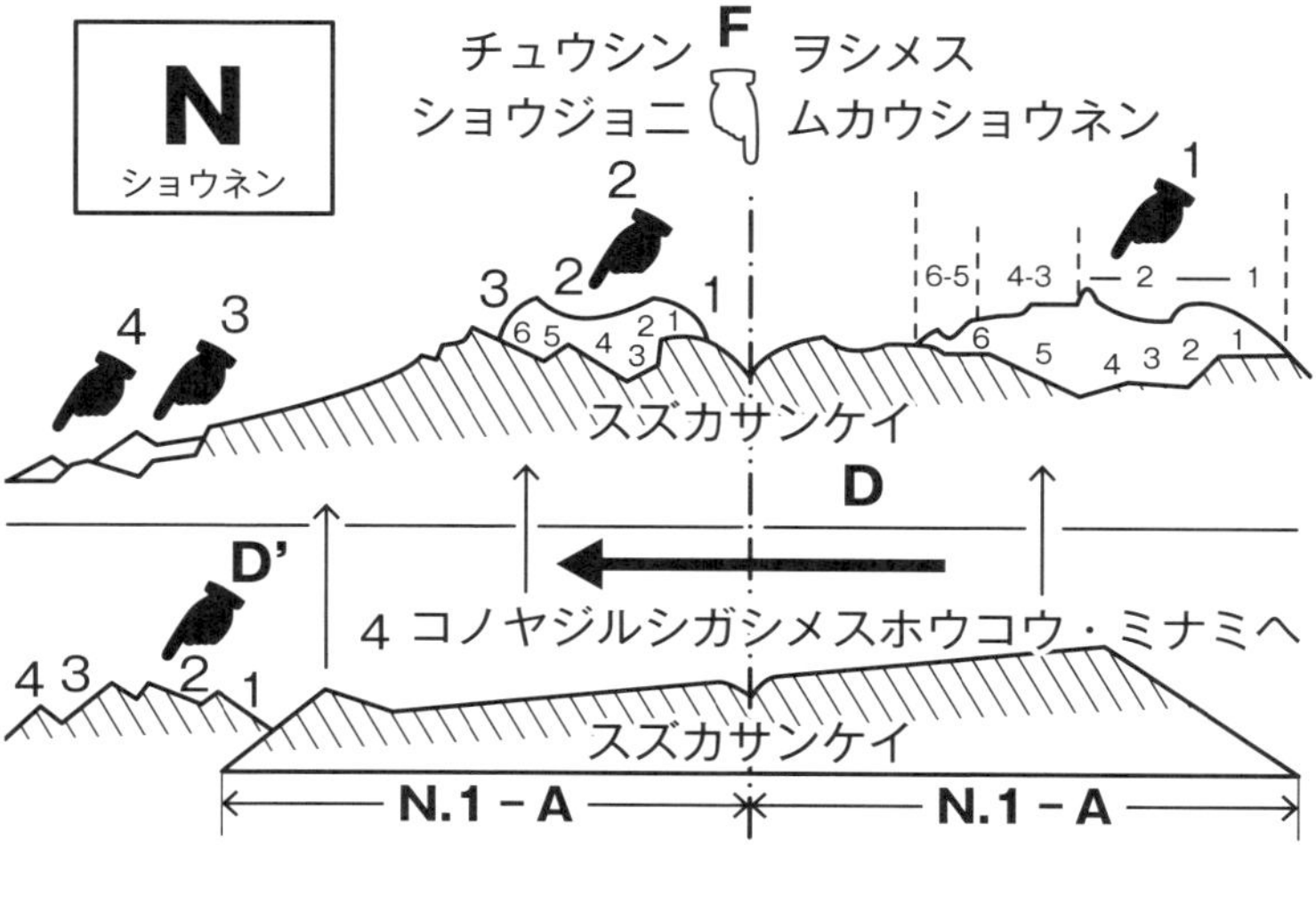
N
ショウネン
F
チュウシン
ショウジョニ
ヲシメス
ムカウショウネン
4 3
3 2 1
6 5 4 3 2 1
6-5 4-3 2 1
6 5 4 3 2 1
スズカサンケイ
D
D'
4 3 2 1
4 コノヤジルシガシメスホウコウ・ミナミへ
スズカサンケイ
N.1－A
N.1－A

4　三重デザイン・N（少年）とS（少女）を検証する（2）

進行方向を示す69ページ下の矢印の形、４個を少し検証してみたいと思います。矢印にも似た4個のデザインは、右（北）から左（南）に向かっています。大・中・小と順番に小さくなる形は、少女を象徴する山（A）と、逆の形を示しています。Aでは、最初小さく、下に行くほど大きくなり、小・中・大とデザインされています。（A）４個の曲線、（D）４個の直線が、相対する構図で表現されています。下図、（F）の位置は、青山高原、東経136°線と同じで、少年D（鈴鹿山系）の中心を示しています。左右対称の形をした曲線が、中央（F）の位置で合一する形で示されています。次に、Dの1番目の矢印ですが、凸と凹、曲線と直線、そして曲線と、３種類6個の形でデザインされています。下は、すべて直線で、合計６本で構成されています。２番目の矢印を調べると、上の形は合計３本の曲線でデザインされています。下は、すべて直線で、合計６本で構成されています。（1）と（2）の矢印は、形こそ、大きさこそ少しずつ違っていますが、同じ大様式でデザインされていることがわかります。矢尻にも似た形でデザインされた3と4の形ですが、３の方が4より、少し複雑で、大きくなっています。1と2の関係と同じで、１から順次、複雑から単純な形へと移行しています。Dの要約した形がD'となります。

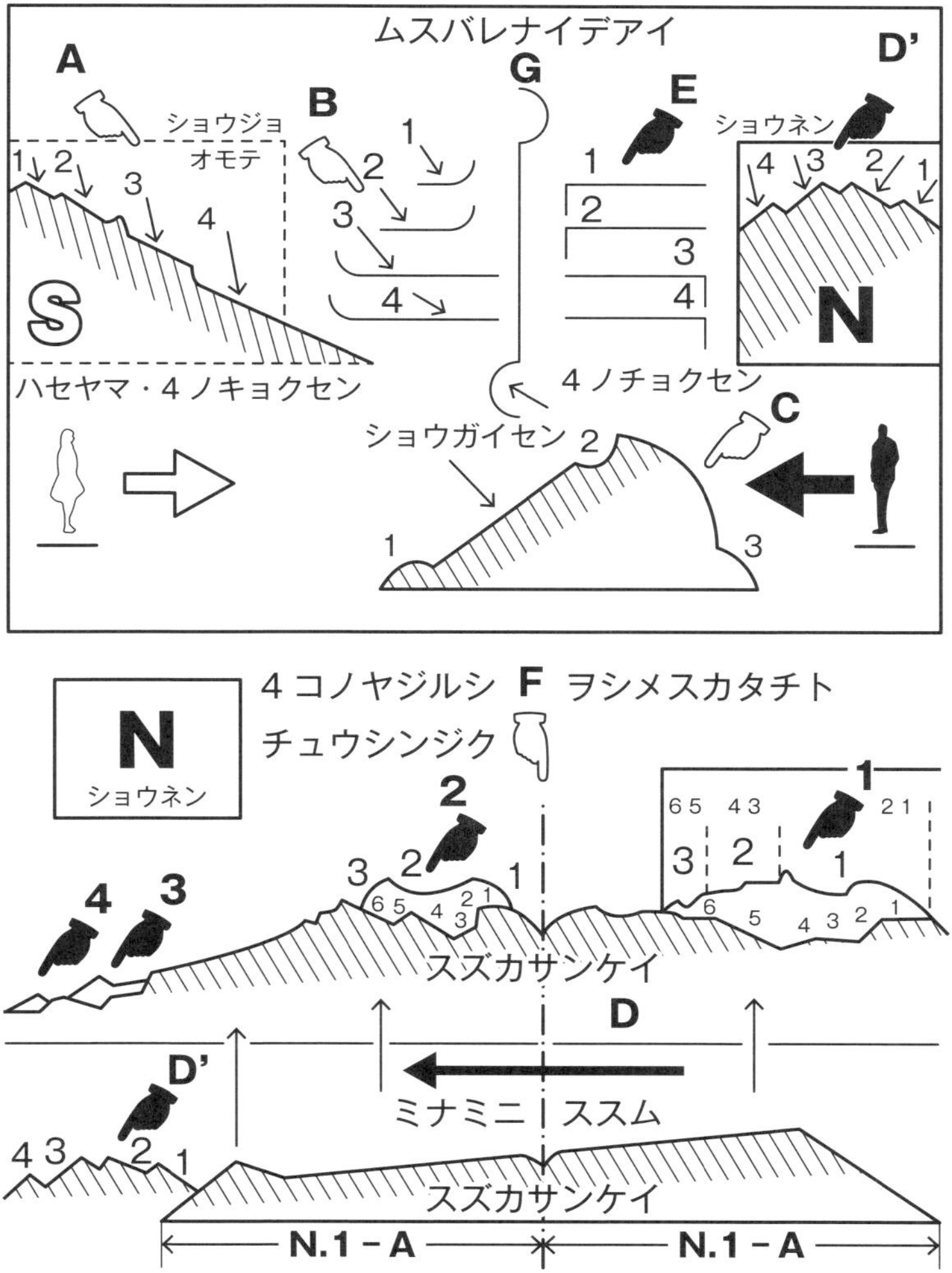
ムスバレナイデアイ
A
ショウジョ
オモテ
B
G
E
D'
ショウネン
S
N
ハセヤマ・4ノキョクセン
4ノチョクセン
ショウガイセン
C
4コノヤジルシ
チュウシンジク
F
ヲシメスカタチト
N
ショウネン
スズカサンケイ
D
D'
ミナミニ
ススム
スズカサンケイ
N.1－A
N.1－A

5　三重デザイン・N（少年）とS（少女）を検証する（3）

次ページ、4本の曲線でデザインされた山（C）は、長谷山（少女を象徴）です。相対する4本の直線でデザインされた山（DとE）は鈴鹿山系（少年を象徴）の山々です。4本の直線でデザインされた山（D）は、4個の矢印でデザインされた山々（E）の総体です。（D）は（E）全体をコンパクトに小さくまとめたもので、本質において同じものと言えます。4本の曲線でデザインされたC（少女）は、同じ4本の直線でデザインされたD（少年）と相対する形をとっていますが、男女の間を遮断する形（AとB）を伴っており、一体化が成立しないことを暗示しています。又、曲線（C）の4本の形は凹となっており、相対する（D・E）の形も凹の形で、共に消極的な形で表現されており、2人の男女の間には、一体化が、成立しないことを暗示しています。Fの2つの三角形の山は、長谷山（少女）と経ヶ峰（花嫁）の2人の存在を暗示しています。長谷山（少女）と、鈴鹿山系（少年）の相対する構図は、経ヶ峰（花嫁）と、布引山系（花婿）の構図へと受けつがれ、一体化によって「神の暗号N&S《男と女》」の完成へと導かれます。構図は、4本の曲線と直線の相対する構図から、曲線3本と直線1本の構図（花嫁）と、直線3本と曲線1本（花婿）の相対する構図へと移行してゆきます。

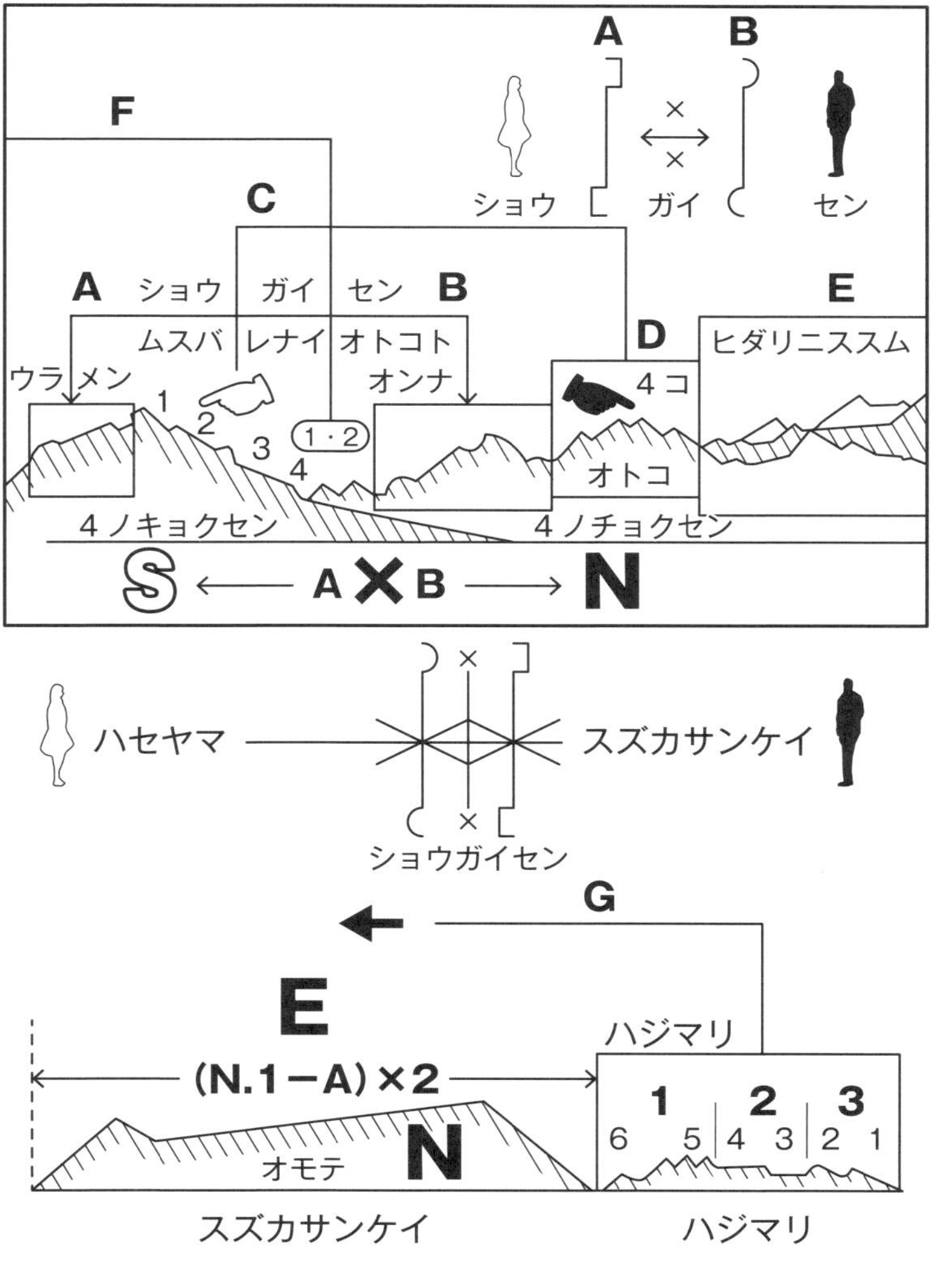
A
B
F
×
×
ショウ
ガイ
セン
C
A
ショウ
ガイ
セン
B
E
ムスバ
レナイ
オトコト
D
ヒダリニススム
ウラ
メン
オンナ
4コ
1
2
1・2
3
4
オトコ
4ノキョクセン
4ノチョクセン
S
A
B
N
×
ハセヤマ
スズカサンケイ
×
ショウガイセン
G
E
ハジマリ
(N.1－A)×2
1
2
3
6
5
4
3
2
1
オモテ
N
スズカサンケイ
ハジマリ

6 「神の暗号N&S《男と女》」の成立を検証する（1）

73ページ上の2つの山は、右が長谷山、左が経ヶ峰の「神の視点」から見た形です。Dの中心軸を持つ長谷山（少女）は、Eの中心軸を持つ経ヶ峰（花嫁）へと移行します。少女から花嫁へと成長する姿が、ひとまわり大きくなり、背丈も大きくなった形で表現されています。構図は、女性様式を代表する三角形で表現されており、S（長谷山）は、N（鈴鹿山系）と相対し、S.1（経ヶ峰）は、N.1（布引山系）と相対する構図で表現されています。Sは三角形（少女）でNは台形（少年）、それぞれ1個ずつで相対し、S.1は、三角形1個、N.1は、台形3個と、「神の暗号N&S《男と女》」（N.1 3番目）で構成されています。S（少女）とN（少年）の間には、両者の関係を隔てる（F）が存在しており、一体化が成立していないことを示しています。又、Sの山頂近くには、両者を隔てる（G）がデザインされており、少女Sと、少年Nとの間に、一体化があり得ないことが暗示されています。凸と凹、曲線と直線2つの形が、男女の間を隔てていることが、山々の形を通して表現されています。（F）と（G）、2人の間の障害が取り去られた形が、SからS.1へ、NからN.1へと、壮大な山々の形と、構図を通して表現されています。「神の暗号N&S《男と女》」の形は、男女が、一体となった姿を表現しています。

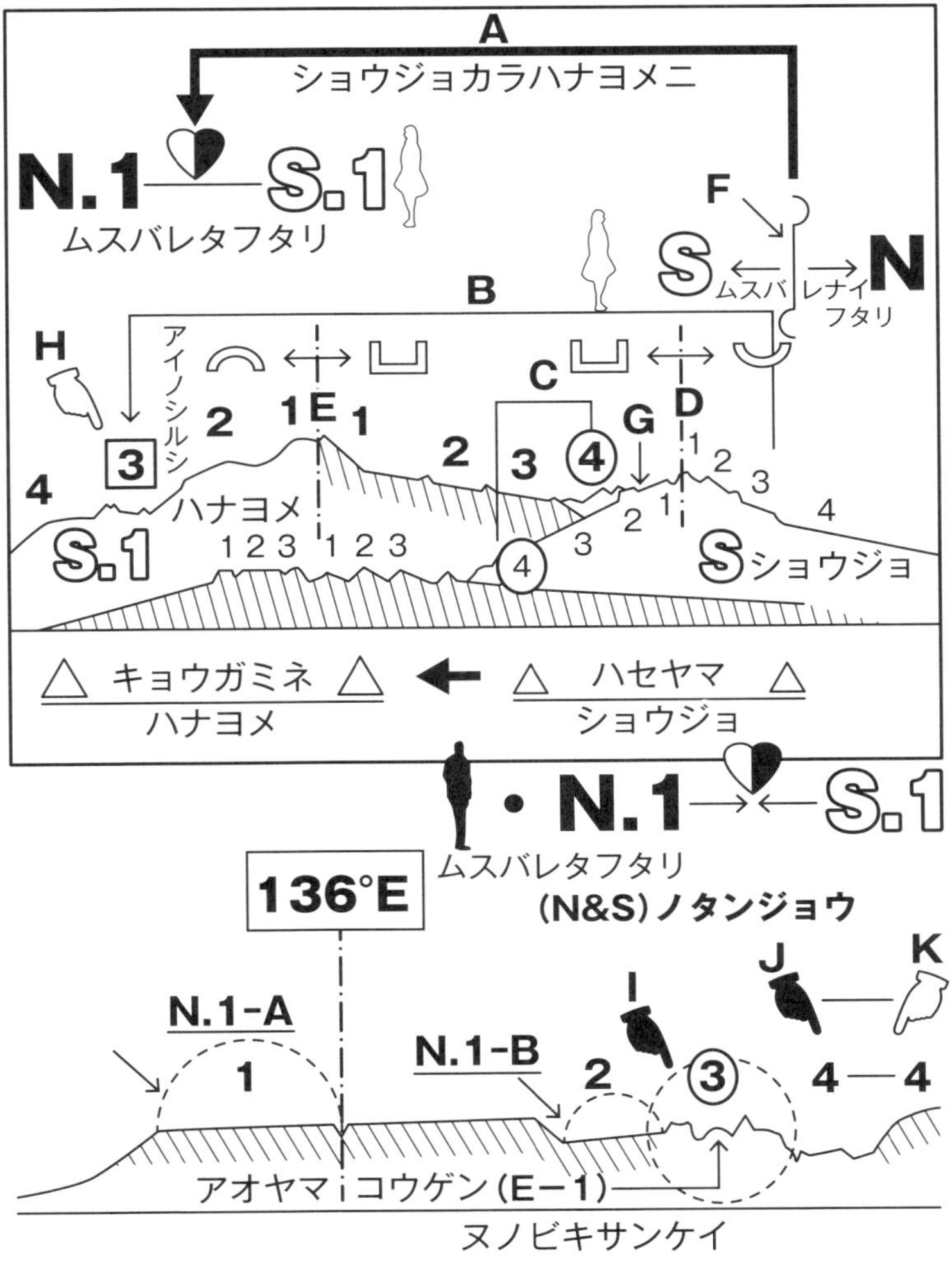
A
ショウジョカラハナヨメニ
N.1
S.1
ムスバレタフタリ
F
S
N
ムスバ
レナイ
フタリ
B
H
アイノシルシ
3
2
1 E 1
2
C
3
4
G
D
1
2
3
4
ハナヨメ
S.1
1 2 3 1 2 3
2
1
3
4
4
S ショウジョ
キョウガミネ
ハセヤマ
ハナヨメ
ショウジョ
・N.1
S.1
ムスバレタフタリ
(N&S)ノタンジョウ
136°E
J
K
I
N.1-A
1
N.1-B
2
3
4—4
アオヤマ
コウゲン(E−1)
ヌノビキサンケイ

7 「神の暗号N&S《男と女》」の成立を検証する（2）

75ページ・Aは、障害線・Fと・Gが無くなり、少女（S）と少年（N）、2人の愛が結ばれ、結実したことを示しています。下には、結実の証、「N&S《男と女》」がデザインされています。N.1の3番目の証（I）と同じく、S.1の3番目（H）にも結実の証として、ひとつの台形が描かれています。Hの小さな台形の上には、さらに小さな三角形と、台形がデザインされています。N.1とS.1、花婿と花嫁の3番目の2つの形は、有機的な繋りで結ばれた、愛の結実の証となっています。一個の台形と1個の半円3つ目が交換しています。N.1－Aを3倍すると、4番目の台形Jの位置になります。又、相対するS.1の中心軸Eで始まる4つのリズムの流れは、N.1－Aで計測されており、長さの比率でも3対1で計測されています。

ちなみに、青山高原N.1－Aの2つ分の長さは、逆傾斜でデザインされた鈴鹿山系の上底の幅とほぼ同じ幅となっています。

つまり、少年・Nでデザインされた鈴鹿山系の幅は、花婿としてデザインされたN.1（布引山系）より、N.1－Aひとつ分短く創造されています。又、N.1（花婿）の4番目台形の終わりから、N.1－Aを2倍するとS.1の後面4番のリズムの位置と重なります。S（少女）は、その位置から、N.1－Aひとつ分の幅でデザインされています。

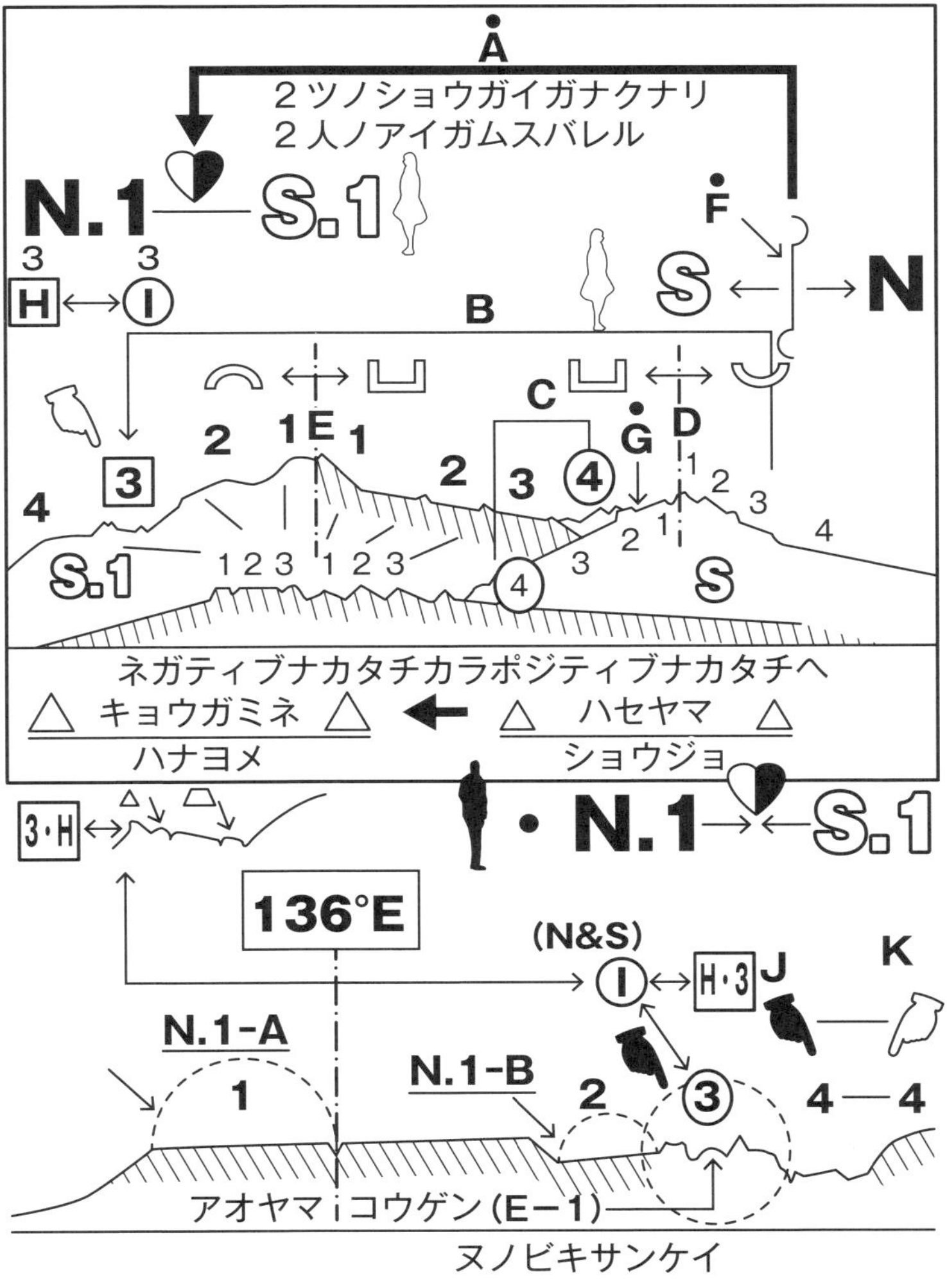
A
2ツノショウガイガナクナリ
2人ノアイガムスバレル
N.1
S.1
F
S
N
H
I
B
C
D
E
G
S.1
S
ネガティブナカタチカラポジティブナカタチへ
キョウガミネ
ハナヨメ
ハセヤマ
ショウジョ
・N.1
S.1
3・H
136°E
(N&S)
H・3
J
K
N.1-A
N.1-B
4—4
アオヤマ コウゲン(E−1)
ヌノビキサンケイ

8　長谷山（S）と経ヶ峰（S.1）の後面を検証する

S（長谷山）とS.1（経ヶ峰）は、三角形を基本の形にもつ女性を代表する山です。「神の暗号・S《女》」でデザインされた2つの山は、後面が直線3、曲線1の大様式で創造されています。3本の独立した形で創造された「神の暗号S《女》」の後面には、独立した1本の直線が配置されており、女性様式でデザインされた形のすべてが、最後は直線的、鋭角的な形で締め括られています。左の図では、中心軸（D）を境に右に4本の曲線、後面には、G（障害線）をはじめ、2と3が直線に、4番目は、「神の暗号S《女》」がデザインされています。S.1では、中心軸（E）を境に、前面に3本の凸の曲線と、3番目に、N.1から移行した台形1個が配されています。後面には、凹の直線3本と、S（少女）と同じく、4番目に、「神の暗号S《女》」がデザインされています。S.1の尺度は、N.1-Aとほぼ同じ尺度で計測されており、前面・後面共、同じ基準でデザインされています。Sは、少し短めで、N.1-Bの尺度で計測されています。中心軸（E）を境に、凸と凹、曲線と直線で創造されており、中心軸（D）によって2分される構図を持つSの後面も同じ様式となっています。「神の暗号N&S《男と女》」の&（つなぎ）となっている半円の形（E-1）は、S.1の3番目の凸の半円のリズムが、一体化によってN.1側に移行した形で表現されています。

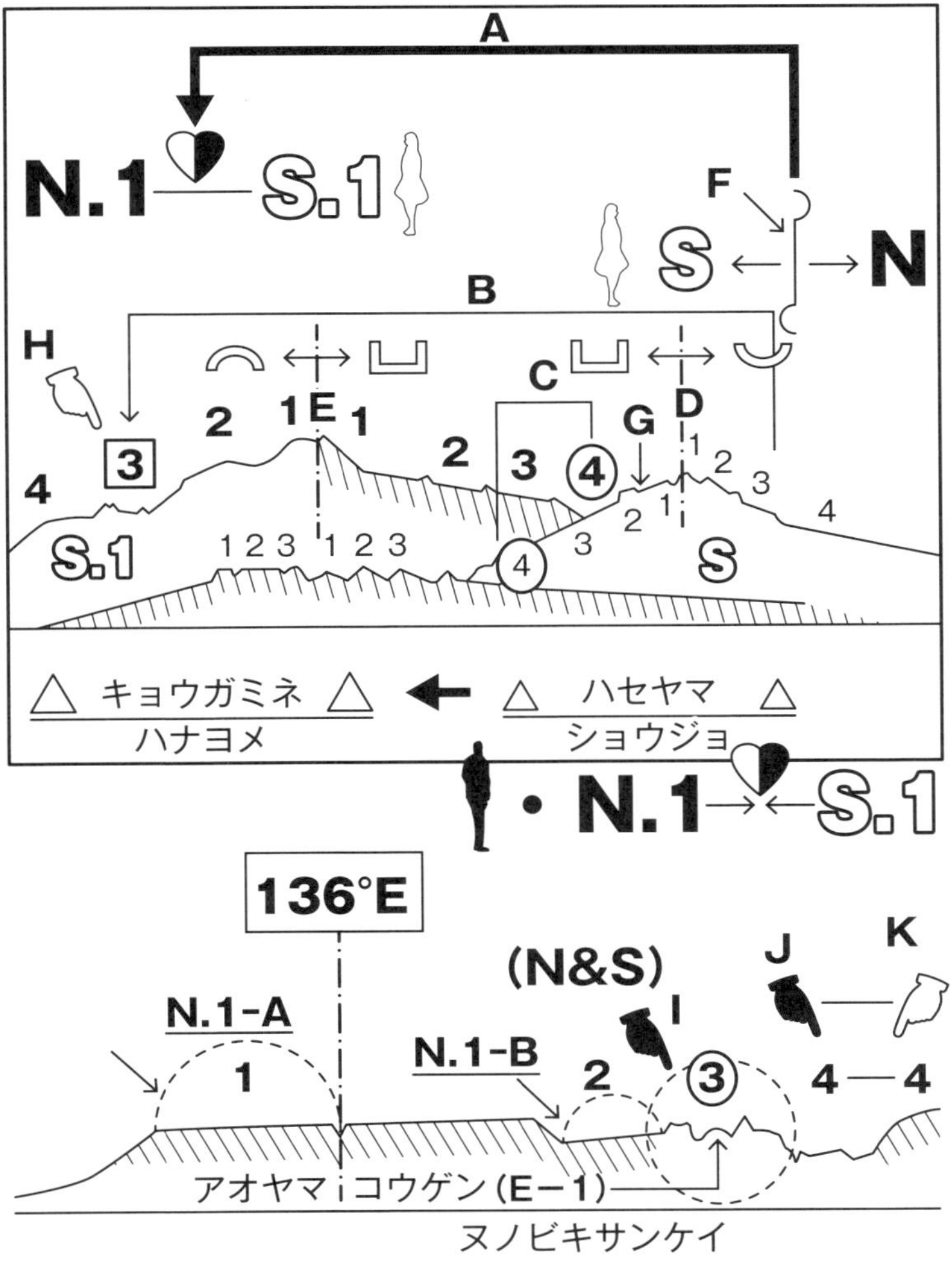

A
N.1
S.1
F
S
N
B
H
C
E
D
G
1
2
3
4
S.1
S
キョウガミネ
ハナヨメ
ハセヤマ
ショウジョ
・N.1
S.1
136°E
(N&S)
J
K
I
N.1-A
N.1-B
アオヤマ
コウゲン (E−1)
ヌノビキサンケイ

9 N.1（花婿）とS.1（花嫁）を準備する、N（少年）とS（少女）の形

79ページ下は、（N.1）の2番目の台形の上底（N.1-B）にデザインされた3つの形（A・B・C）と、「神の暗号S《女》」の形です。Aは、上のN（鈴鹿山系・少年）を象徴する形、Bは、（N.1）（青山高原を含む、布引山系と全体）を象徴する形、Cは、「神の暗号・N&S《男と女》」を、象徴する形です。上図（NとS）の構図は、次の（N.1とS.1）を準備する形として創造された山々です。N（少年）が成長し、N.1（花婿）へ、S（少女）が成長して花嫁（S.1）へ、そんな構図が、山々をパーツとして、デザインとして創造されています。（N《少年》&S《少女》）の構図が、（N.1&S.1）より、小さめなのは、年齢的なことによります。神の視点軸より西方に広がる山々は、すべて象徴的な意味合いをもって創造されており、無駄な山々の形はありません。すべて具体的な意味を鑑みて創造されています。「神の暗号N&S《男と女》」によってデザインされた、「人生の縮図・地球」と同じで、三重デザインにも無駄な形、無意味な形はありません。「N《少年》&S《少女》」が、「N.1&S.1」を生じ、一体化を生み、「神の暗号N&S《男と女》」を生み出しているのです。3本の独立した構成を見せるS（女）と、2種類6本で構成されるN（男）、1対2の比で構成される構図は、下図Cの、左端の1本の曲線（S《女》）、右端の2つの山と1本の直線で構成される（N《男》）の形にも、表現されています。

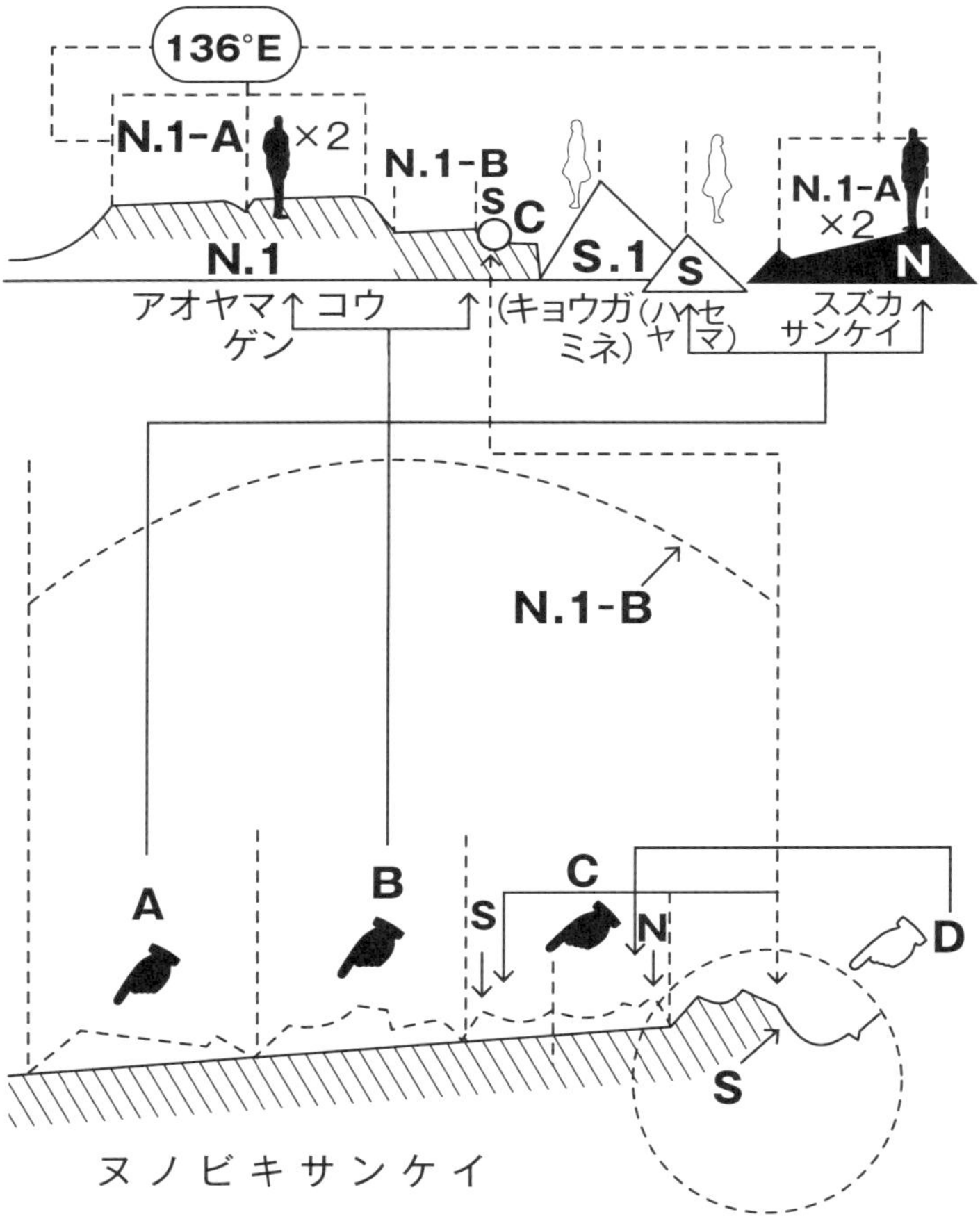
136°E
N.1-A
×2
N.1-B
S
C
S.1
S
N.1-A
×2
N
N.1
アオヤマ
ゲン
コウ
(キョウガ
ミネ)
(ハ
ヤ
セ
マ)
スズカ
サンケイ
N.1-B
A
B
C
S
N
D
S
ヌノビキサンケイ

10 N.2（父親）とS.2（母親）を準備する4つの山々の形

81ページ、下に書かれたA・B・C・Dの4つの山々の形は、久居西南・白山・一志・美杉方面に見ることができます。この4つの山々の形は、次のB'とD'、N.2とS.2、4つの相対する山々の前身の形を象徴しています。AとBは、B'とN.2（父）を、CとDは、D'とS2（母）へと繋がる前身として創造されています。A・B・B'・N.2は、神の暗号N（男）を代表し、C・D・D'・S.2の4つの組は、神の暗号S（女）を象徴する形として創造されています。Bの台形は、そのままB'の台形へ、Aの形は、N.2（父親）全体の形を象徴する形となっています。Dの3本の線が相対する形はD'の三角形の前身となり、Cの3つの三角形の組み合わせは、S.2（母親）の前身を象徴する形となります。BとAは、B'からN.2（父）と続く、有機的な繋がりを示しています。A・B・C・Dの4つの形は、小さくシンプルな形にまとめられ、続く、B'とD'の台形と三角形の構図は、E.2の&《つなぎ》を間にはさんで、やや大きめの形で表現されています。4つ目のN.2（父）&S.2（母）は、すでに何度となく紹介しましたが、「人生の縮図・三重」の中で、質・量共に最大規模のアート作品として創造されています。すべて、有機的な流れで創造されています。

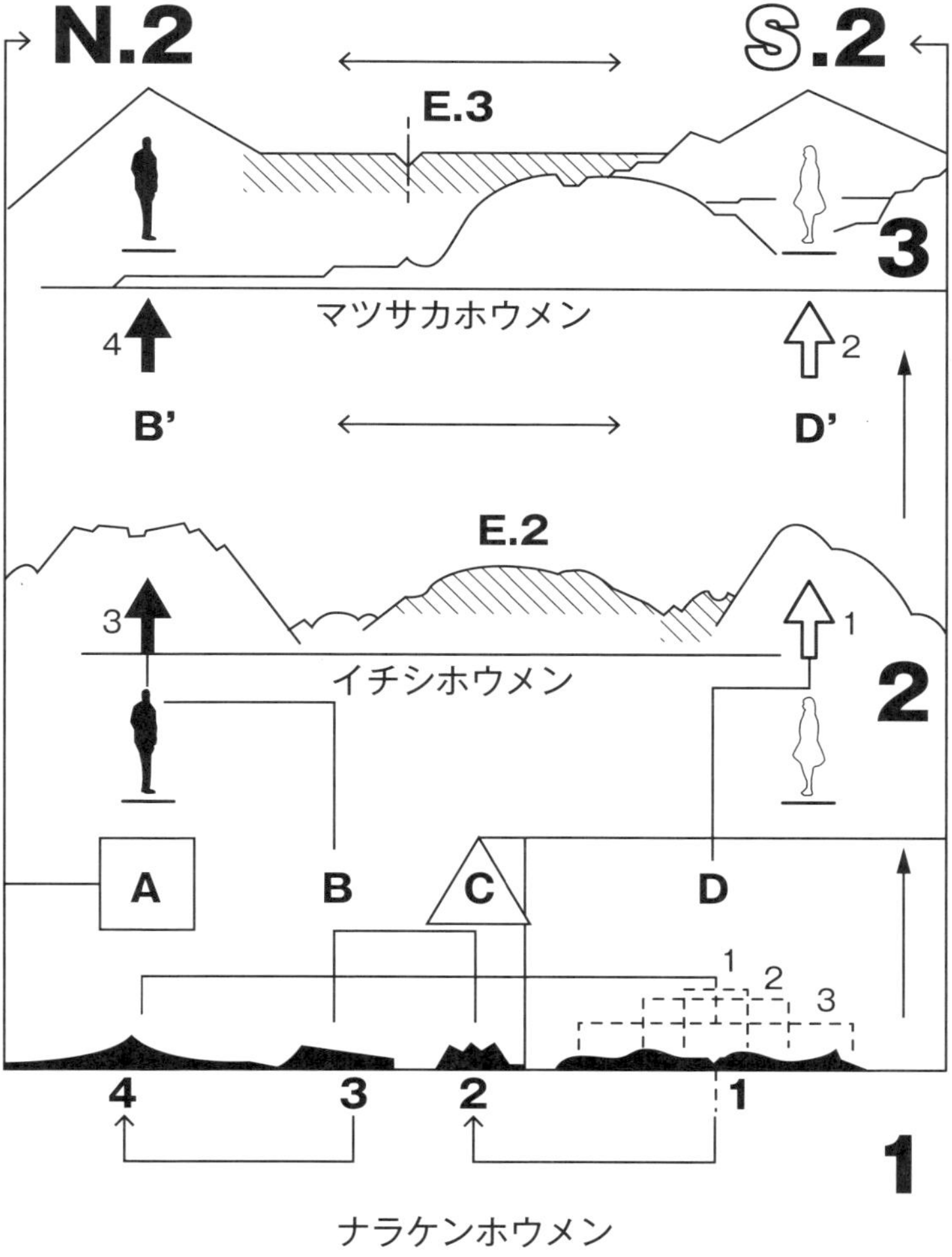
N.2
S.2
E.3
3
マツサカホウメン
4
2
B'
D'
E.2
3
1
イチシホウメン
2
A
B
C
D
1
2
3
4
3
2
1
1
ナラケンホウメン

11　「N&S《男と女》」の&《つなぎ》の形と成長の流れ（1）

83ページの下、E.1からE.5に至る図は、N《男》&S《女》の&《つなぎ》の形が年齢と共に、変化する様子を描いています。下のE.1は、「神の暗号N&S《男と女》」の最初の&《つなぎ》の形で、最も美しくシンプルな形で表現されています。E.2は、E1より成長した形で、南方へ移行し、形も少し複雑に成長しています。左右には、台形（N《男》）と三角形（S《女》）が、デザインされています。位置的には、一志方面となります。花婿と花嫁が成長するように、次のN.2（父）とS.2（母）を繋ぐ（E.3）は、さらに複雑且つ芸術的な美しさが表現されています。位置的には、一志から松阪西方になり、矢頭山（母）と堀坂山（父）を頂点とする山々にあたります。E.3のアート的な表現は、津市久居周辺からでも見ることができます。中央のV字形の中心（ア）が分岐点となります。右には、2つの逆三角形（1と2）、凸と凹（3と4）、大と小の三角形（5と6）合計6個の形が、繋がる構図で表現されています。左、男性側では、2つの台形が、精子にも似た形で表現されています。このN.2&S.2で頂点を極めた&《つなぎ》は、順次、単純化されてゆきます。E.4では、3本の山の稜線のみが相対する形となり、&《つなぎ》に当たる形は、老人の体を表現するように、ギザギザとした形のみで表現されます。そしてE.5では、短く、1本の横線のみが上と下に描かれた男と女の象徴、台形と三角形を繋ぎます。

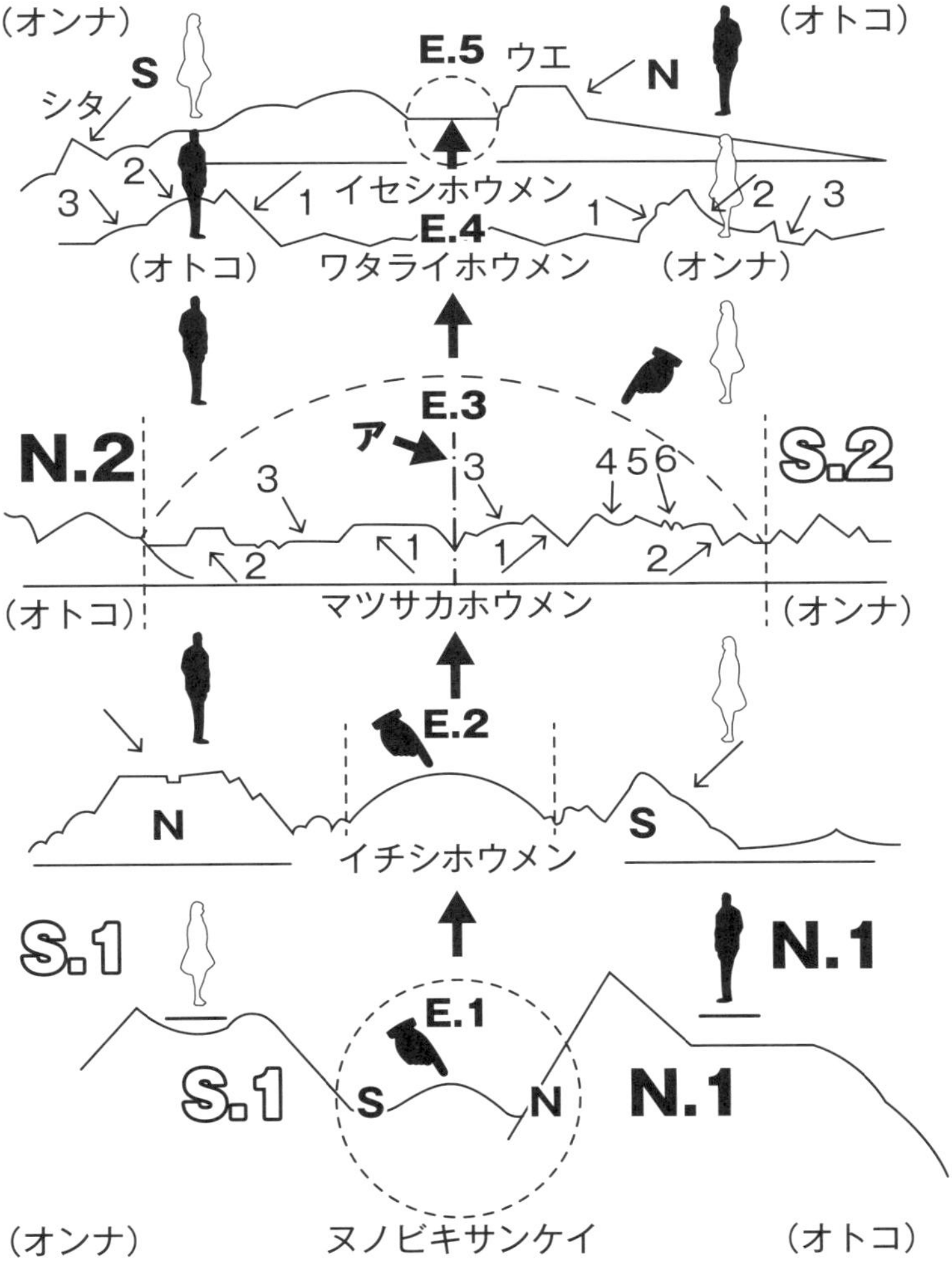

（オンナ）
（オトコ）
E.5
ウエ
S
N
シタ
2
3
1
イセシホウメン
1
2
3
E.4
（オトコ）
ワタライホウメン
（オンナ）
E.3
N.2
ア
S.2
3
3
456
2
1
1
2
（オトコ）
マツサカホウメン
（オンナ）
E.2
N
S
イチシホウメン
S.1
N.1
E.1
S.1
S
N
N.1
（オンナ）
ヌノビキサンケイ
（オトコ）

12　「N&S《男と女》」の&《つなぎ》の形と成長の流れ（2）

&《つなぎ》を理解すると、アート全体の流れが、さらにわかりやすくなります。始まりE.1（85ページ）の曲線は、S《オンナ》の末端を含めて合計6本の線で構成されています。次に（E.2）の半円形の&《つなぎ》ですが、右側に、1本の直線と、3本の曲線によって構成された三角形（S）、その間に、「神の暗号S」の形（A）がデザインされています。中央には、C.1とC.2が凸と凹の円形で調和しています。Aと相対するBには、中央に半円、右に小さく円形、左に小さな四角が、調和する形でデザインされています。E.2の左には、男性様式の台形（D）、右側に3本の直線、左側に3本の曲線が、小中大、大中小の逆転した順番で構成されています。この（E.2）と、両側にデザインされた台形（男）と三角形（女）の構図が、そのまま（N.2&S.2）の壮大な構図へと繋がってゆきます。E.3の&《つなぎ》では、（N.2）側には、2個の台形が、S.2側では、6個の相対する形がデザインされています。次に（E.4）（E.5）ですが、位置的には、度会郡あたりから、伊勢神宮の背後に当たります。伊勢湾周辺を巡るように創造された「人生の縮図・三重」は、23号線からでも見ることができます。E.5とE.6の台形（男）と三角形（女）の構図は、上と下、下と上という形で相対します。最終は、二見夫婦岩、そして海に浮かぶ島「N&S《男と女》」で完結します。（E.6）では、&《つなぎ》に当たる箇所は見られません。

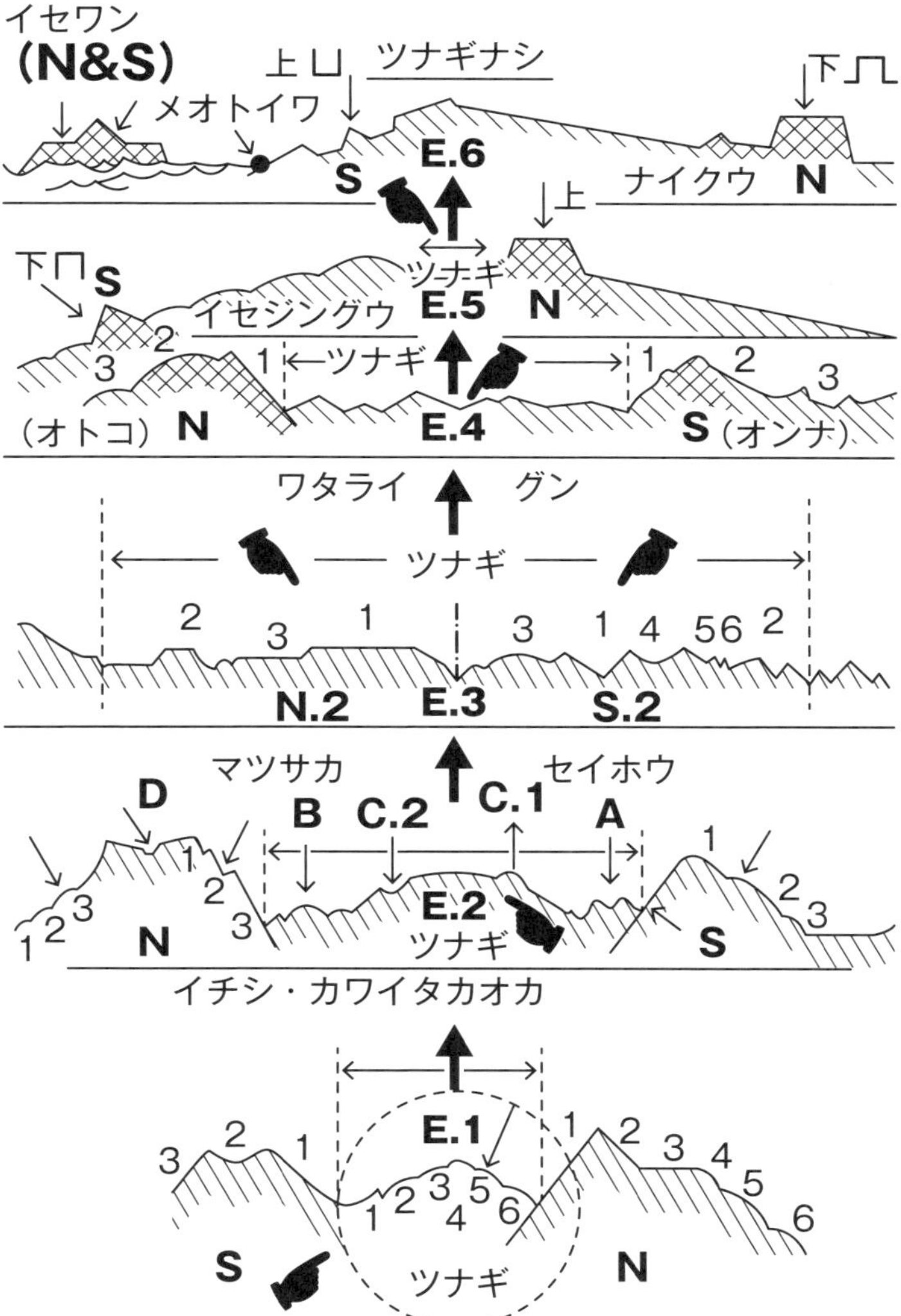
イセワン
(N&S)
上凵
ツナギナシ
下⺁
メオトイワ
S
E.6
N
ナイクウ
↓上
ツナギ
下冂S
E.5
N
イセジングウ
3
2
1
←ツナギ
1
2
3
（オトコ）N
E.4
S（オンナ）
ワタライ
グン
ツナギ
2
3
1
3
1
4
56
2
N.2
E.3
S.2
マツサカ
セイホウ
D
B
C.2
C.1
A
1
2
3
1
E.2
ツナギ
1 2 3
N
2
3
S
イチシ・カワイタカオカ
3
2
1
E.1
1 2 3 4 5 6
1
2
3
4
5
6
S
ツナギ
N

13　堀坂山（N.2）の前面（N.1－B）を科学する

次ページの上の絵は、堀坂山の山頂を見た形ですが、（ア・イ・ウ）の3つの山がデザインされ、大きさもほぼ同じ大きさで、矢頭山の山頂部にデザインされた山（エ）と相対する構図で創造されています。上の（ア・イ・ウ）の3つの山は、N.1－B、つまり、青山高原の2番目の台形の上底の長さと同じ幅で、又、相対する（エ）の三角形の一つの山も、N.1－Bと同じ尺度で創造されています。堀坂山の（ア）と、矢頭山の（エ）は、同じ直線の組み合わせの山で、堀坂山の（イ）と（ウ）の山は、丸みをおびた曲線的な形で創造されており、直線形が2、曲線形が2、合計4個の大様式で創造されています。男性様式であり、父を代表する山、堀坂山、女性様式であり、母を代表する矢頭山、2つの相対する構図は、三重デザインの、一番の見どころであり、青山高原（N.1）と経ヶ峰（S.1）、堀坂山（N.2）と、矢頭山（S.2）、この2組の花婿と花嫁、そして父と母という組み合わせは、「人生の縮図・地球」の、アフリカ大陸（N.3）、南アメリカ大陸（S.3）、ユーラシア大陸（N.4）と北アメリカ大陸（S.4）の相対する構図へと、有機的につながる構図となっています。「人生の縮図・三重」は、「地球デザイン」の基礎であり、全部で6つの大陸で構成される、男と女の相対する構図の基となっています。

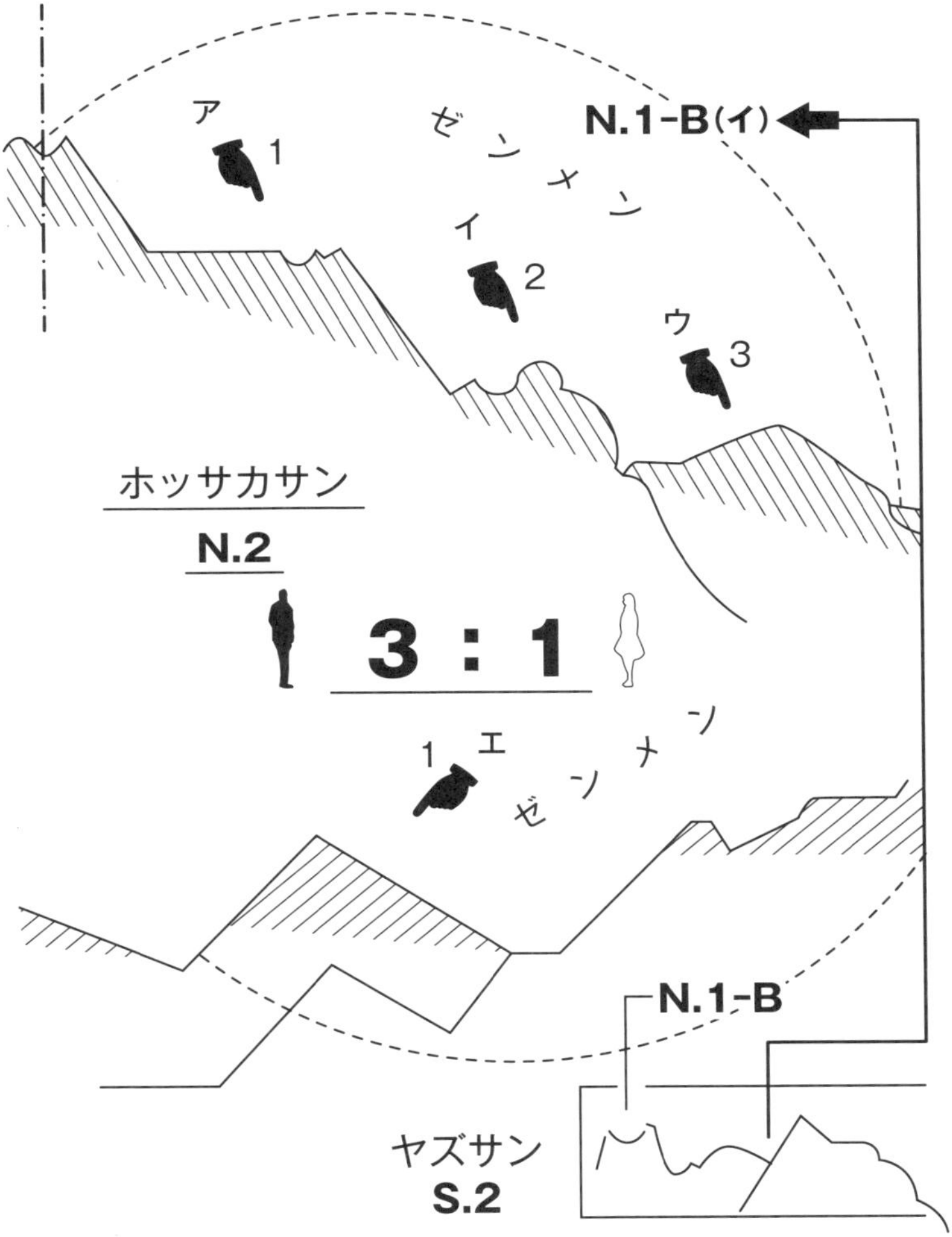
ア
1
ゼンメン
イ
2
ウ
3
N.1-B(イ)
ホッサカサン
N.2
3 : 1
1
エ
ゼンメン
N.1-B
ヤズサン
S.2

14　堀坂山（N.2）の後面（N.1-A）を科学する（1）

89ページ下図は、東経136°線を中心軸とする青山高原（N.1）の図です。右には、相対する経ヶ峰（S.1）の一部が描かれています。上は、堀坂山（N.2）のデザインです。堀坂山は、久居の南方に位置し、松阪市の西方になります。矢頭山（母）を中心とする、ピラミッド形の構図（S.2）と相対する山であり、N.2&S.2（父と母）の構図は、「人生の縮図・三重」の頂点を連ねる山々となります。N.2&S.2の山々は、すべて、N.1-AとN.1-B、2つの尺度でデザインされています。N.2（父）の全体の形は、「神の暗号・N」の前面、3本の直線が基になって創造されています。前面（イ）が短くなり（N.1-B）で表現され、後面（ア）が長くなって（N.1-A）で表現されています。又、（ウ）は、最後尾となり、N.1-B（コウメン）で表現されています。N&Sの&の部分E.1（エ）は、E.3（N.1-A）として表現されています。N.2側には2つの台形、S.2側には、2つの逆三角形を中心に、合計6個の大様式の形がデザインされています。N.2（父）を構成する。コウメンの分岐軸（オ）から、N.1-Aを3倍すると、E.3のエ、右端と重なります。つまり、左下図、N.1を構成する布引山系と同じ尺度となります。このN.2&S.2によりデザインされた山々は、中心軸136°線より始まるN.1-AとN.1-B、2つの尺度で完璧なまでに創造されています。

N.1-A

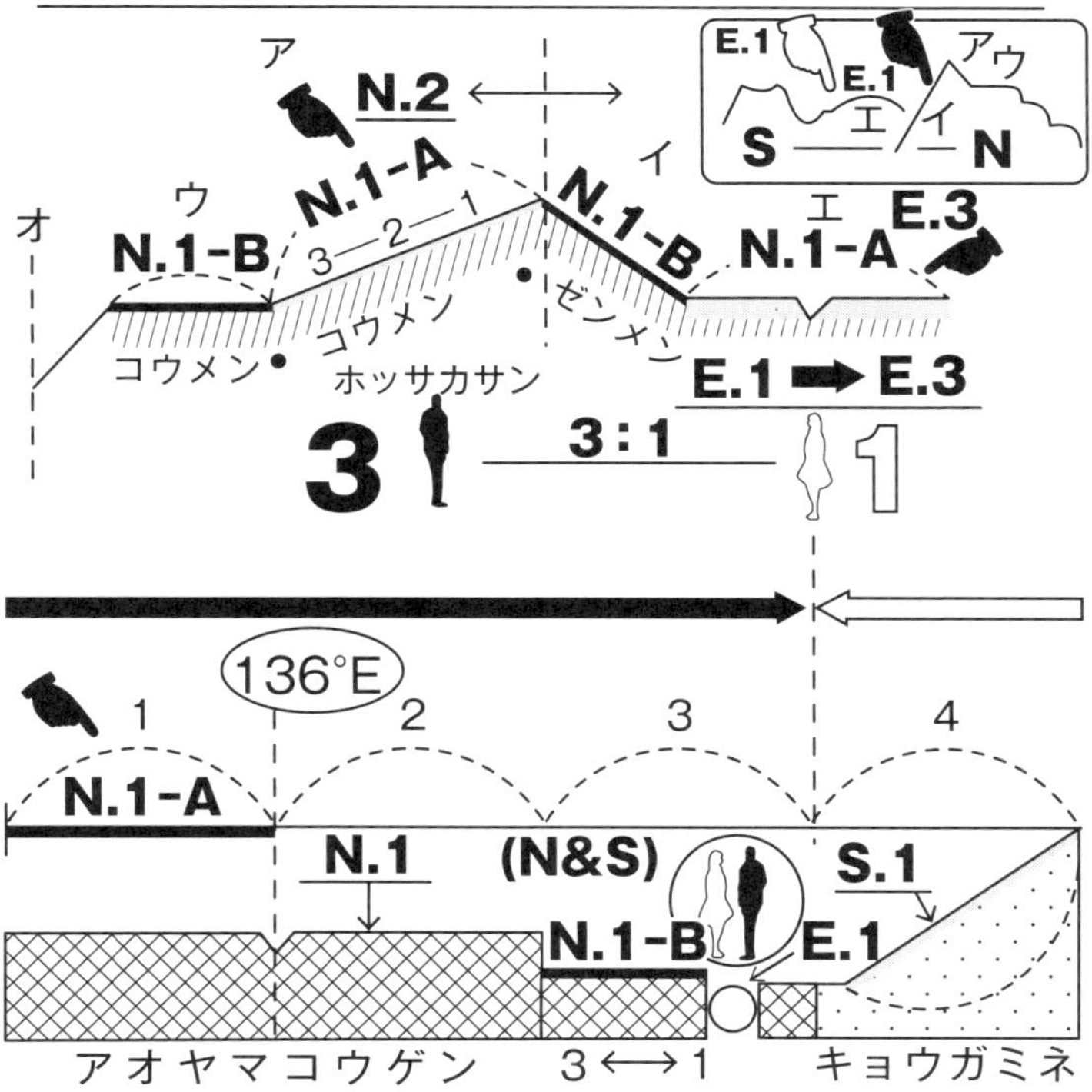
ア
N.2
イ
E.1
E.1
アウ
S
エ
イ
N
オ
ウ
N.1-A
3—2—1
N.1-B
N.1-B
エ
E.3
N.1-A
コウメン
ゼンメン
コウメン
ホッサカサン
E.1 ➡ E.3
3
3：1
1
136°E
1
2
3
4
N.1-A
N.1
(N&S)
S.1
N.1-B
E.1
アオヤマコウゲン
3⟷1
キョウガミネ

15　堀坂山（N.2）の後面（N.1-A）を科学する（2）

91ページの図は、「神の視点軸」より見た堀坂山（N.2）の山頂と、その後面の一部を描いたものです。堀坂山は、「神の暗号N」91ページ下図（ウ）の3本の直線が基になっています。山頂（ア）は、中心軸（ア'）を中心に円による凸と凹、直線と曲線等が、相対する構図を形作っています。又（オ）○□△といった基本的な形を随所に取り入れながらアートらしさを与えています。同じように、山の中腹（イ）を見ると、三角形を中心として、分岐軸（イ'）を中心に、左右の形が凸と凹、直線と曲線、鋭角と鈍角といった様々なバリエーションの工夫が相対します。さらに下にくると、エに見られるように、連続した3つの凸の曲線や、それを囲むように凹の曲線や、直線が、アートらしさを盛り上げています。デザインは、基本的に6個で構成されており、3対3で相対する構図です。前著作の98～99ページに、女性様式で創造された矢頭山を、男性様式で創造された堀坂山を中心とした2つの雄大な芸術様式が掲載されていますので、参照して頂ければ幸いです。山を、大様式の構図に当てはめて描いた画家に、近代絵画の父とも呼ばれるポール・セザンヌがいます。大宇宙をデザインされたシナイ山の天地創造のアーティスト神霊は、セザンヌの作品を極限にまで高めた（N.2&S.2）を完成させています。

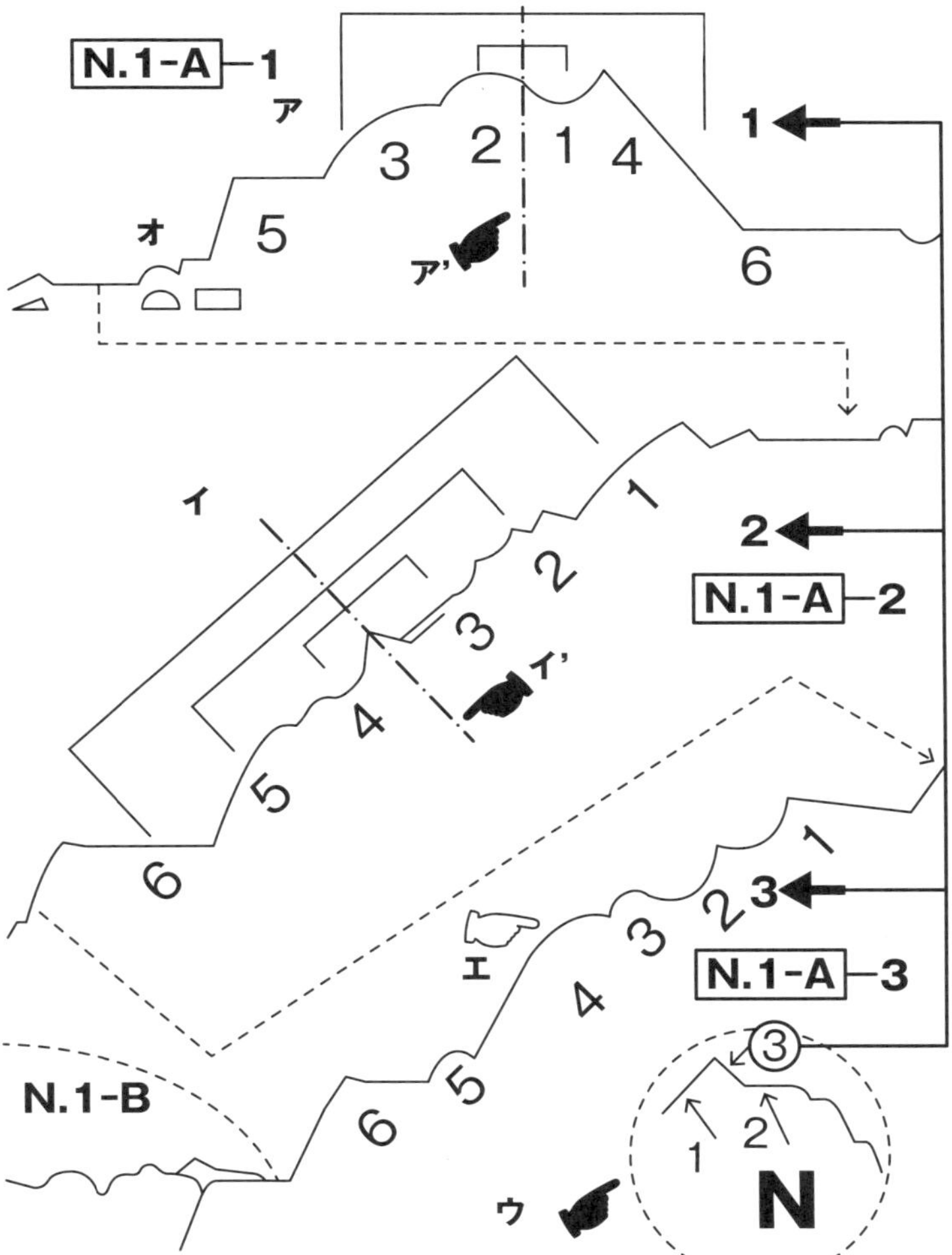
N.1-A —1
ア
3 2 1 4
1
オ
5
ア'
6
イ
1
2
N.1-A —2
3
イ'
4
5
6
1
2 3
N.1-A —3
エ
3
4
5
6
N.1-B
③
1 2
N
ウ

16　堀坂山（N.2）の後面（N.1－B）を科学する

93ページの図は、堀坂山（父親・N.2）の後面、最後尾の形です。下図㋙の位置で、N.2（父）のデザインは終わり、次のステップに入る分岐軸となります。93ページの上図（ア）は、凸の円でデザインされ、相対する（イ）は、凹の形で、鋭角的な三角形となっています。凸（ア）を中心に、右に鋭角的な山（ウ）が、左に丸い山（エ）がバランスを取っています。凹（イ）の左右には、左に、鋭角的な山（カ）が、右に、曲線的な山（オ）がバランスを取る形でデザインされています。合計、6個の山々が、このN.1－B（ウ）の大様式を完全なアートに仕上げています。この6個のパーツで、横に延びた形は、「神の暗号N」の前面、3本の直線の内、3本目の直線③をデザインしています。矢頭山の山頂と相対する堀坂山山頂3個の三角形の山は、「神の暗号N」の、前面に当たる1本の直線をデザインした形、背面、N.1－Aは、「神の暗号N」の2番目の直線をデザイン化した形となり、合計3本の直線を基に、堀坂山（父親）を頂点とする山が創造されています。左下図の（キ・ク・ケ）の3本の曲線は、「神の暗号N.2」を構成する、後面3本の曲線をデザインしています。ちなみに、相対する、S.2（母親）の後面、最後尾には、1本の直線が配されており、男性様式と女性様式の相対比3対1で完結します。又、サ・シ・ス・セ・ソの相対する形で、終焉へと向かいます。

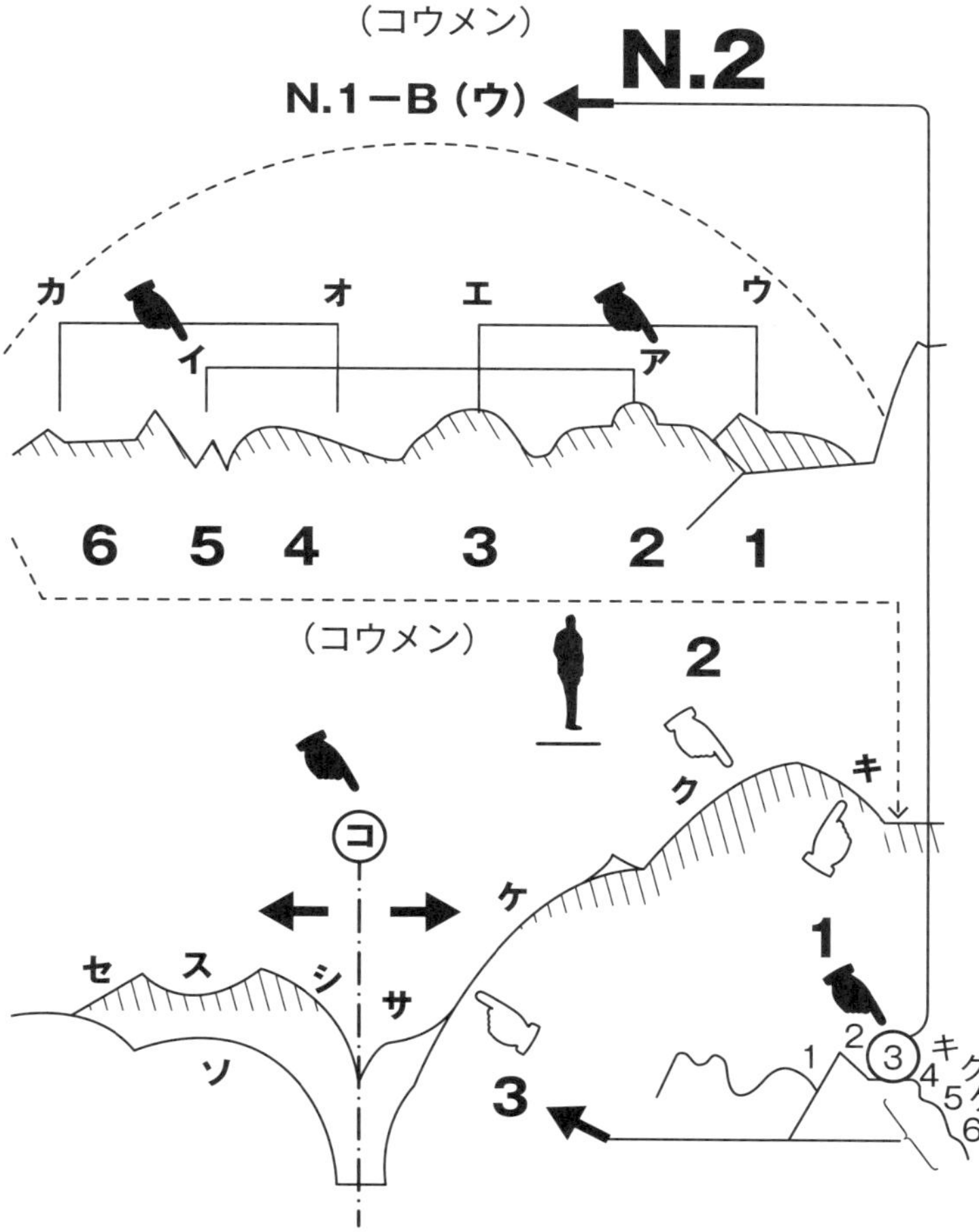
（コウメン）
N.2
N.1－B（ウ）
カ
オ
エ
ウ
イ
ア
6
5
4
3
2
1
（コウメン）
2
キ
ク
コ
ケ
1
セ
ス
シ
サ
ソ
2
1
3
キ
ク
4
5
ケ
6
3

17 N.2（父）と相対するS.2（母）を検証する（1）

S.2（母）については前著作の中で詳細に書きましたので、今回はまとめのみにしておきたいと思います。95ページ、上の方に、神の暗号S（女）について、ア・イ・ウの3本の線によって構成されるデザインが書かれています。前面（ア）の部分はS字形に当たり、N.1－A（ア）に当たります。（ア）と相対する（イ）は、N.1－Aに当たり後面に位置します。中央の凹の曲線（ウ）は、前面（ア）と後面（イ）にはさまれた（Fウ）の部分になります。中央に引かれた（E）の線は、前面と後面を分ける分岐軸になります。（N.1－A（ア））のS字形のなめらかなラインを3倍すると、S字形の先端の接点と重なります。相対するN.1－A（イ）の後面は、力強く、男性様式でデザインされており最後尾は、力強い1本の直線（G）で終わっています。N.1－A（イ）は、合計9個の力強い凸のデザインが描かれており、3×3、3つずつのグループでデザインされています。N.1－A（ア）とN.1－A（イ）を繋ぐ形で、Dの1本の直線と、曲線が相対する形にあります。上の方を見ると、（ウ）の後面には、6本の線でデザインされたN.1－B（ウ）があります。直線と曲線、凸と凹、といった形（A・B・C）が3組デザインされています。矢頭山を頂点とする、神の暗号（S）の具現化は、地理的には、一志方面、南西に位置する山々になります。

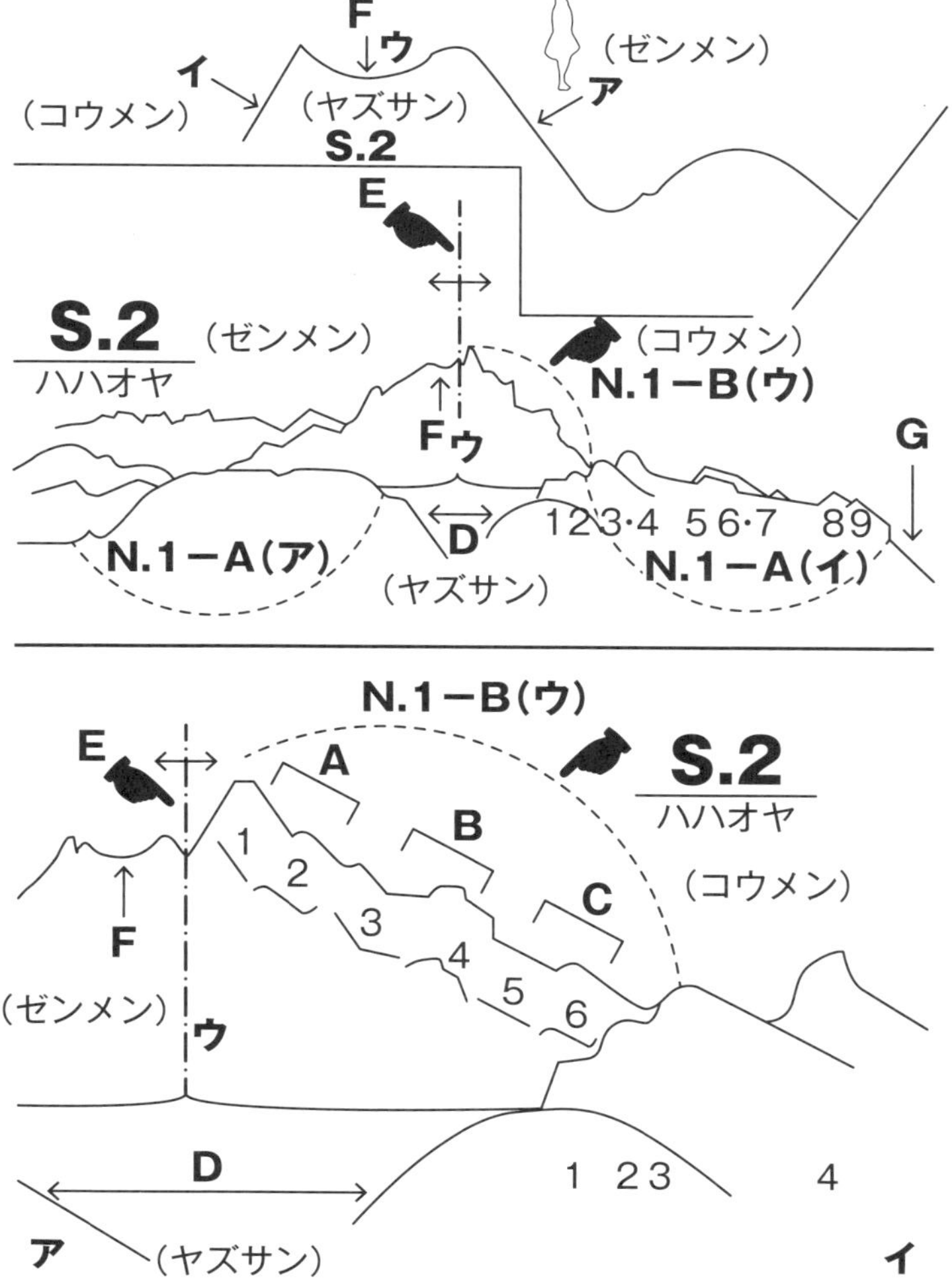
F
ウ
イ
（ゼンメン）
ア
（コウメン）
（ヤズサン）
S.2
E
S.2
ハハオヤ
（ゼンメン）
（コウメン）
N.1－B(ウ)
Fウ
G
123·4 56·7 89
D
N.1－A(ア)
N.1－A(イ)
（ヤズサン）
N.1－B(ウ)
E
A
S.2
ハハオヤ
B
1
2
3
4
5
6
C
（コウメン）
F
（ゼンメン）
ウ
D
1 23
4
ア
（ヤズサン）
イ

（新）

「神の暗号・N&S《男と女》」

と

人生の縮図

（４）

「地球編」

第4章　地球編

1　地球に隠された謎（1）

私は、高校生の頃から、世界地図を広げるたび、地図の中に謎を感じてきました。初めは、漠然とですが、地球の形は、偶然というには、調和がとれすぎていると感じていました。時には、定規を地図に当てては、さらに確信を持つに至りました。中でも、強く謎を感じたのは、スカンジナビア半島（A）と、アラビア半島（B）の位置でした。バレンツ海（C）に、円を描くように丸く突き出た形のスカンジナビア半島（A）と、鋭く、直線的に突き出した形のアラビア半島（B）の対照性でした。ユーラシア大陸の東端（E）、西端（F）を繋ぐ横軸（D）線上の1点に対して、3つの半島がひとつの円周（G）の中に収まっており、3つの半島が何らかの有機的な繋がりで結ばれていることを感じていました。又、ユーラシア大陸の先細りの東端、チュコト半島（E）に対して、西端には、スカンジナビア半島（A）、アラビア半島（B）、イベリア半島（F）の3つの西側の半島が、東端、チュコト半島（E）に対して、3対1の大様式の構図であることに不思議を感じていました。又、東経90°線を分岐軸の中心線として、タイミル半島（H）を中心に、東と西に、それぞれ3つのくびれを示しており、ユーラシア大陸を調べれば調べるほどに、地球がアートである確信を持ちました。しかし、当時、その意味するところは私にとって全くの謎でした。

90°

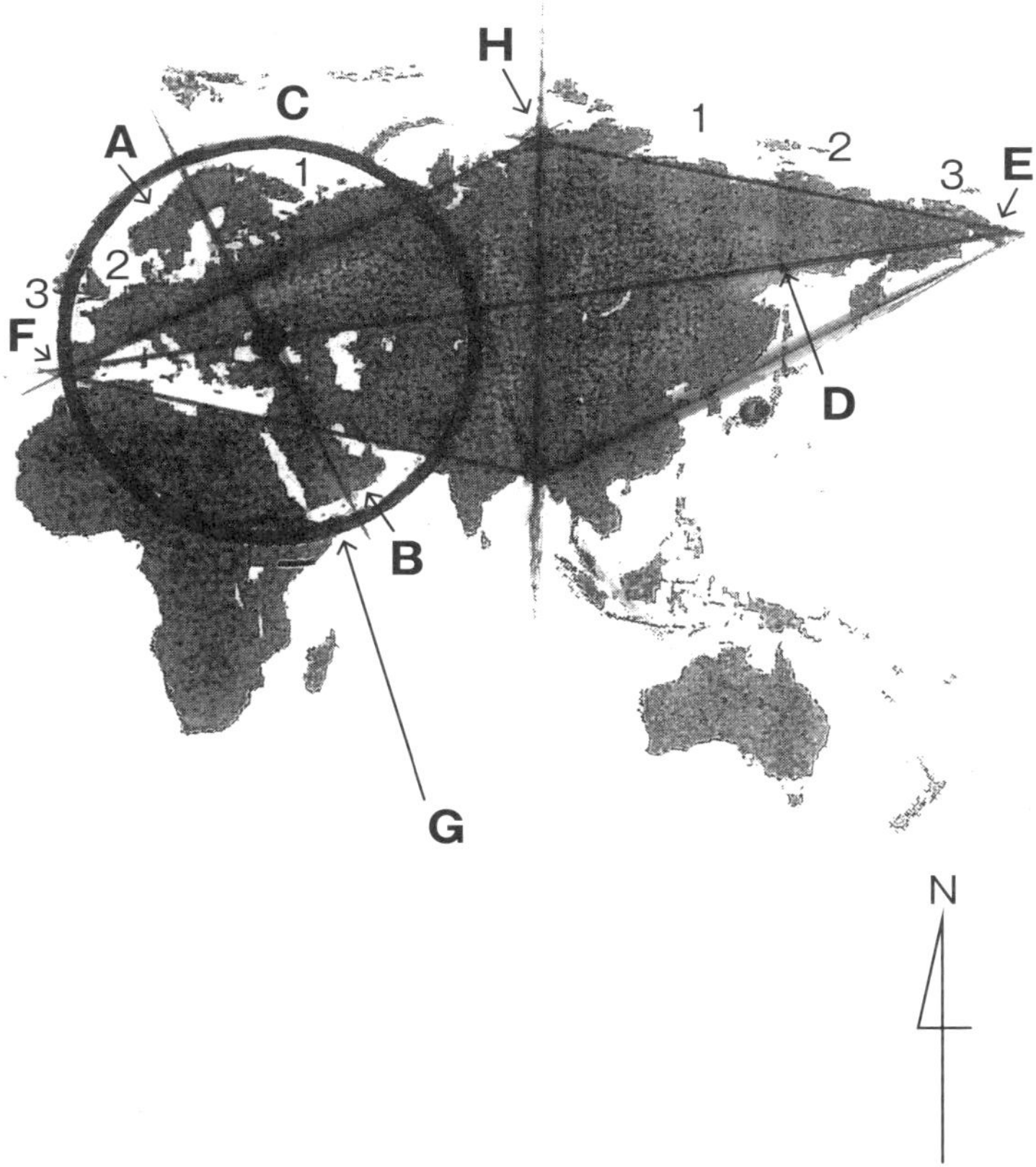

2 地球に隠された謎（2）

私が次に感じた謎は、スカンジナビア半島（B）の左右の島でした。右側に、反対方向に延びた島、ノバヤゼムリヤ島（A）と、左側に位値するイギリス諸島（C）でした。この2つの島は、東経90°線と接する北端の接点（I）と、西端、イベリア半島との接点（D）、2点を繋ぐ平衡軸に対して、ほぼ等間隔の位置に、バランス良く存在しています。東経90°線をはさんで、北端（I）と、東端（E）を結ぶ軸線上には、西側と同じように、ほぼ等間隔で3つの島々がバランス良く配列されています。中心軸に寄り添うように、セーベルナヤゼムリャ諸島（H）が、中央には、ノボシビルスク諸島（G）が、右端には、ウランゲリ島（F）が、3組、バランス良く配列されて、左右の調和は、一目瞭然です。右肩上がりのタイミル半島を中央に、順次曲線的な海岸線がベーリング海峡に向かって3つの節目をデザインしており、3つの島々の集団は、その上にのっかるかのように調和した配置になっています。東端（E）のチュコト半島と、中心軸90°線の間には、上の3つの島々と呼応する形で、大・中・小（L・K・J）が直線的な3つの湾が配列されています。地球は、単なる地殻変動の結果偶然に生じているわけではありません。アート作品としての側面が存在しています。

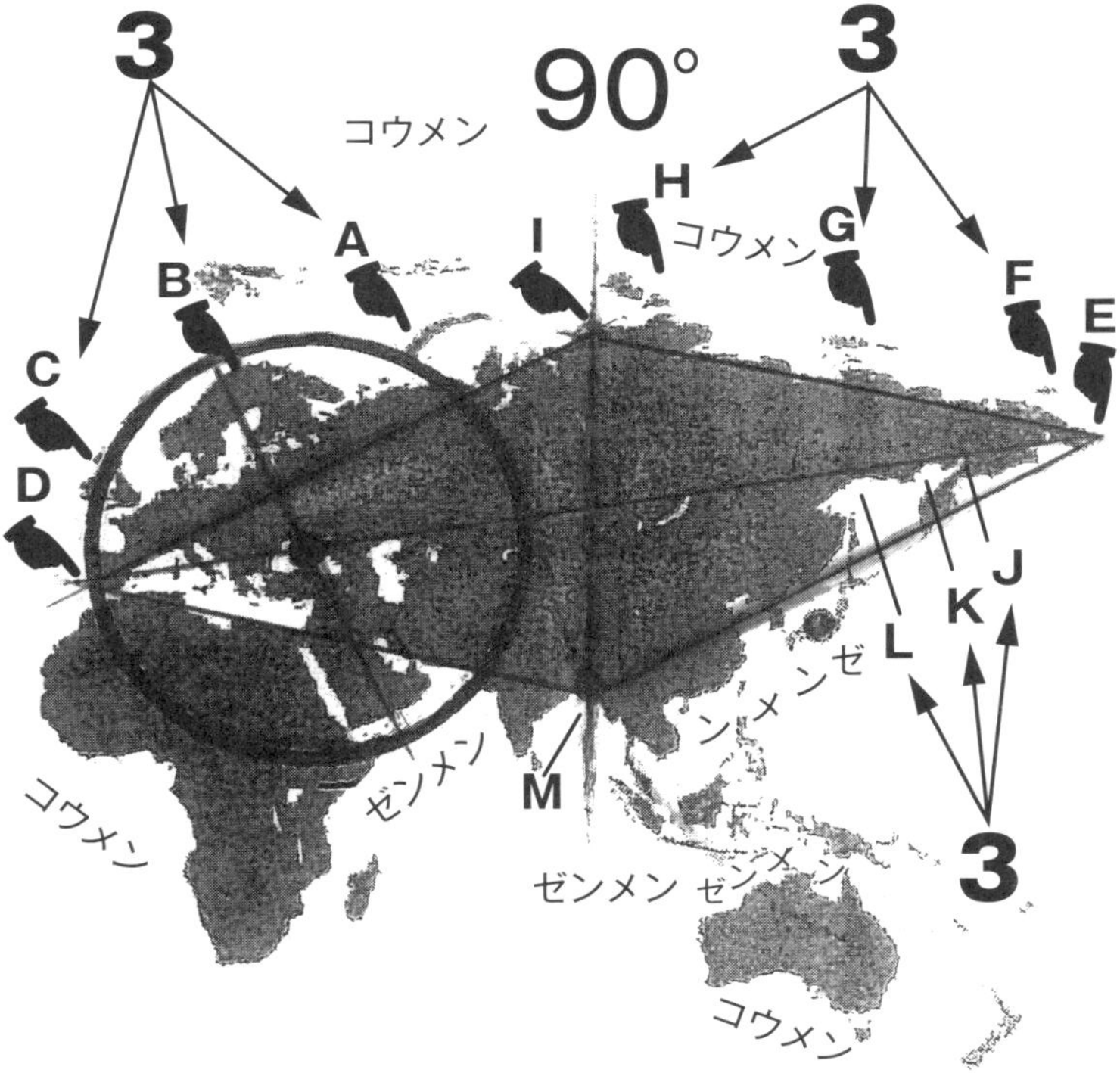
3
90°
3
コウメン
H
A
I
コウメン
G
B
F
E
C
D
J
K
L
ゼンメン
M
ゼンメン
コウメン
ゼンメン
ゼンメン
3
コウメン

3　前面（太平洋側）と、後面（大西洋側）を検証する

「神の暗号・N&S《男と女》」による暗号がデザインする構図には、表の構図と裏の構図が存在します。人間に、内面と外面が存在するように、創造主が描く男と女にも、同じように、表の形と、裏の形が存在します。三重デザインによる、生命誕生から始まる、男（台形）と女（三角形）の基本図形による構図には、常に中心で2分割される表面と裏面における相対する構図が存在しています。内面的には、男は女、女は男として創造されているという構図です。三重デザイン、地球デザインにおける豊かな表現と調和は、この二面性が織り成す調和美とも言えます。次ページに見る、ユーラシア大陸の北極海に面した裏面（A・B）は、すべて女性的とも言える、曲線が全体の主流になっており、太平洋、あるいはインド洋に面した海岸線の、力強く凹凸の多い表面（C・D・L）と好対照で表現されています。又、北アメリカ大陸を中心とする3つの大陸の前面には、（E・F・G）による、曲線的な3つの海岸線とも、調和のとれた好対照を示しています。太平洋と反対に位置する大西洋を中心に見ると、女性様式で創造された3つの大陸の後面はすべて鋭角的（H・I・J）となり、女性様式で創造された後面（A・K・B）とは全く対照的でバランスが取れていることがわかります。

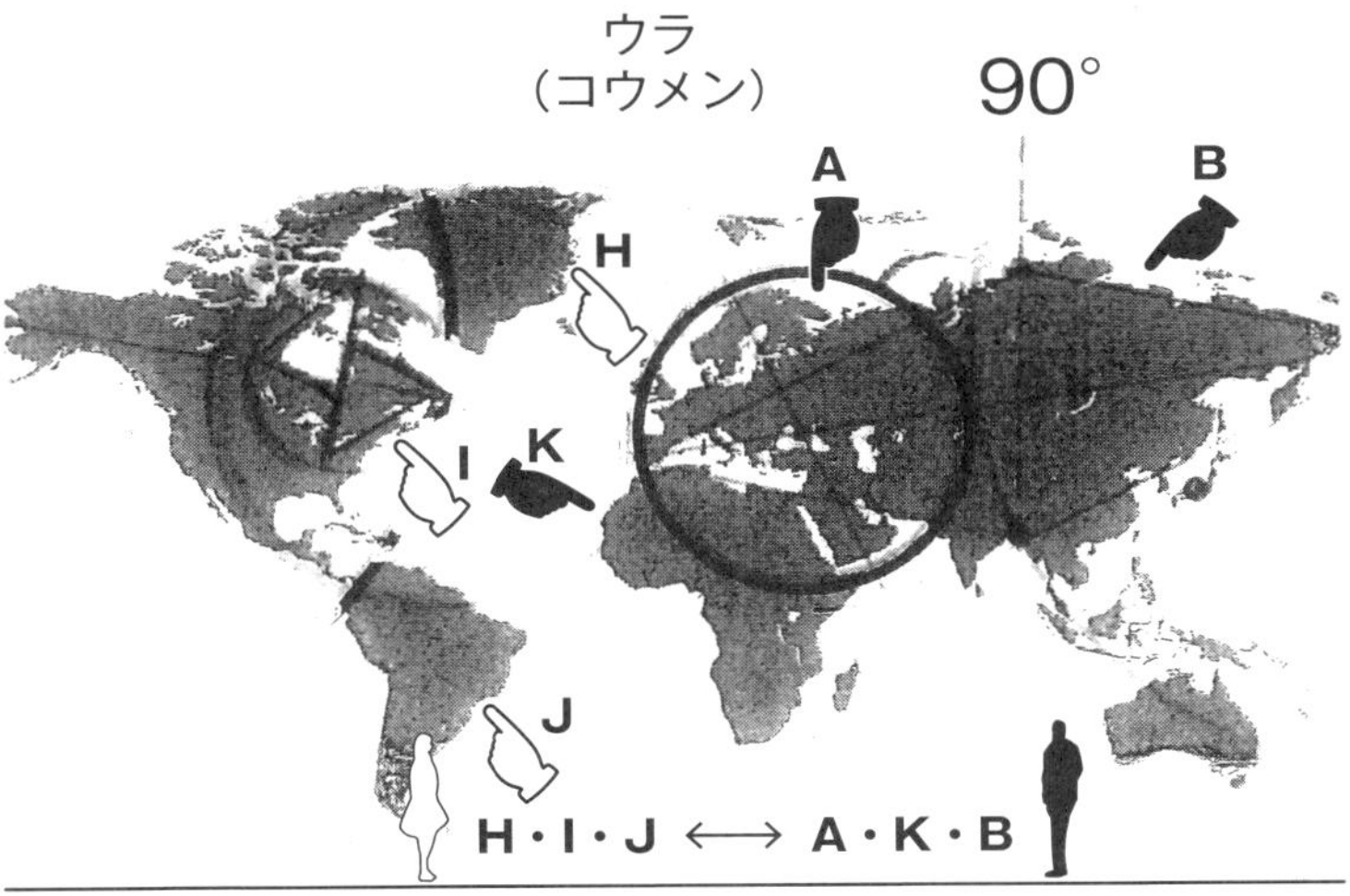
ウラ
（コウメン）
90°
A
B
H
I
K
J
H・I・J ⟷ A・K・B

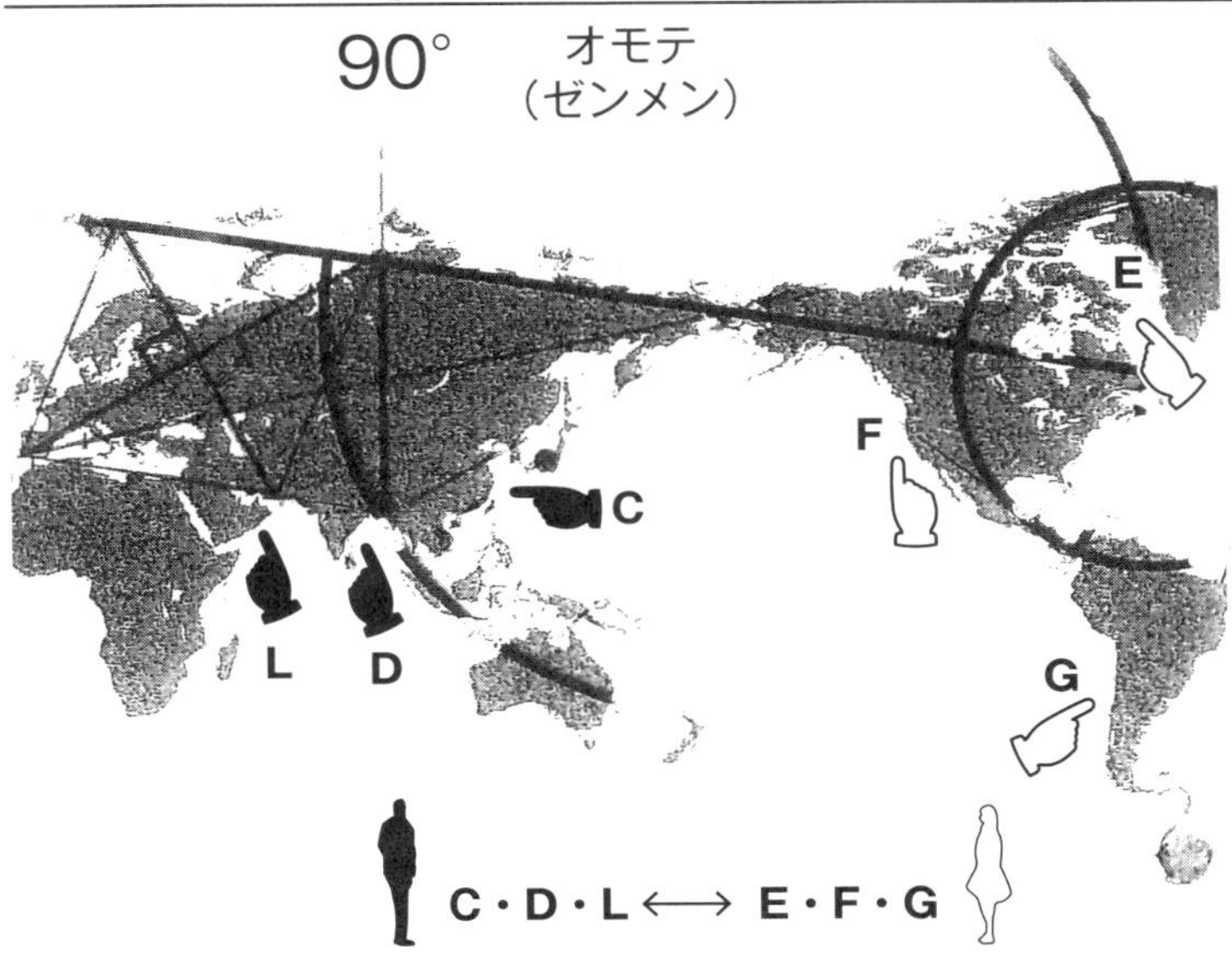
90°
オモテ
（ゼンメン）
E
F
C
L
D
G
C・D・L ⟷ E・F・G

4　東経136°線、東経90°線、2本の中心軸が描くアートの形

大宇宙を創造された全知全能のアーティストは、御自身による天地創造の証として、2本の中心軸を示されました。1本は、青山高原を2分割する東経136°線、もう1本は、ユーラシア大陸を2分割する東経90°線です。御自身による、137億年とも言われる大宇宙創造、そして、地球創造における46億年における創造活動は、この2本の中心軸により証明されると教示されます。これは、おそらく人類の歴史上、天地創造という観点から見て、初めての、前例のない教示であると思われます。そしておそらくは、これが人類にとっての、最初で最後の教示となると思われます。前例のなさから、何が書かれているのかさっぱりわからないという意見も聞かれました。2冊目となるこの書は、1回目の著書「神の暗号N＆S」をリメークした書となっています。共通部分も多くありますが、理解できない人のため、少しでもわかりやすくと、違った切り口で書いてみました。私は、宇宙創造の始まりとされる、ビッグバンも、小規模ながら見せて戴き、私に教示して下さった神様が間違いなく、万物創造の主《ぬし》であると確信しています。この2本の中心軸の存在なしに、「人生の縮図・三重」そして「地球」は成立しません。これは、宇宙の始まり、ビッグバンの中心と同じ意義を示す象徴です。

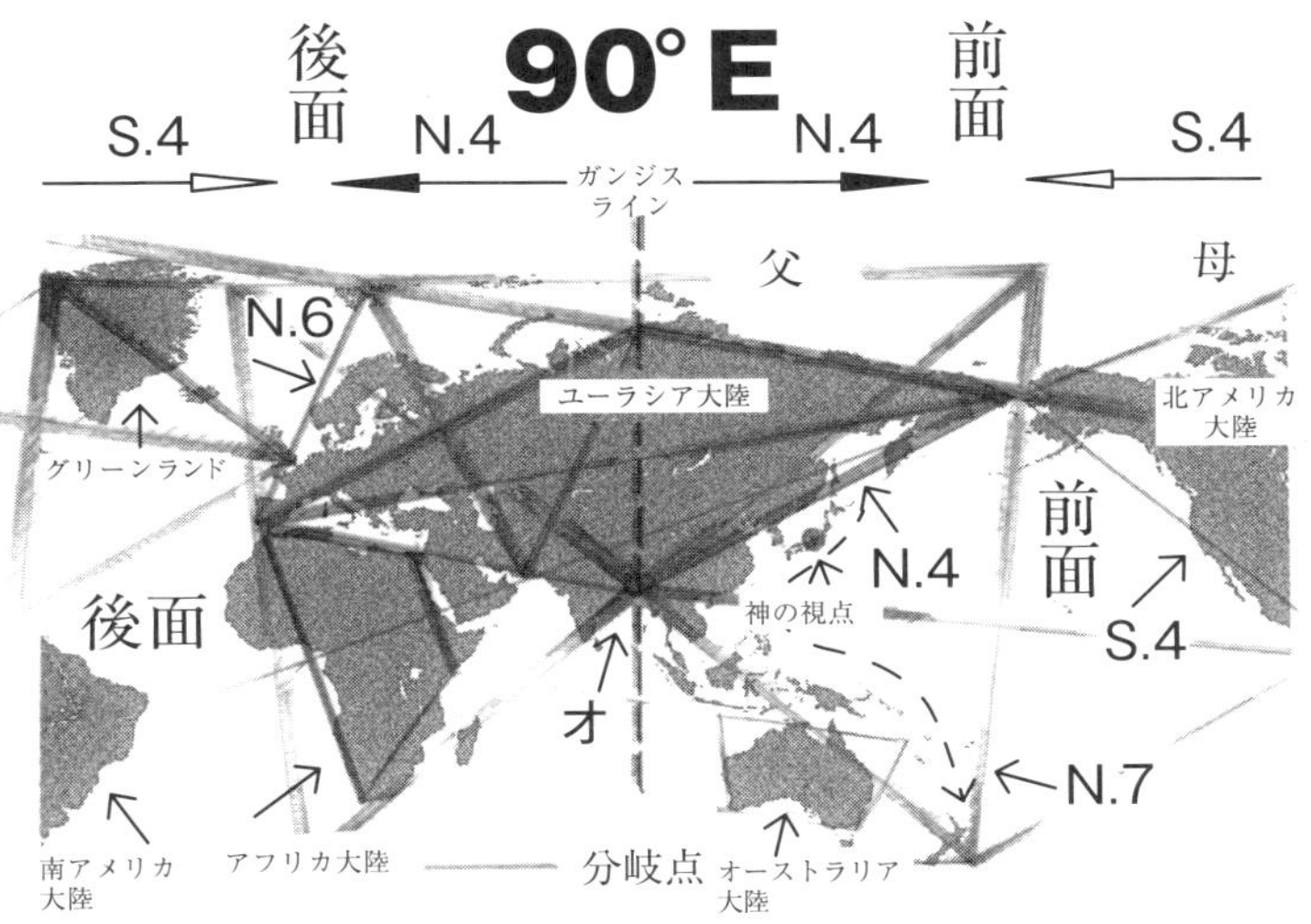
90°E
後面
前面
S.4
N.4
N.4
S.4
ガンジス
ライン
父
母
N.6
ユーラシア大陸
北アメリカ
大陸
グリーンランド
前面
N.4
後面
神の視点
S.4
オ
N.7
南アメリカ
大陸
アフリカ大陸
分岐点
オーストラリア
大陸

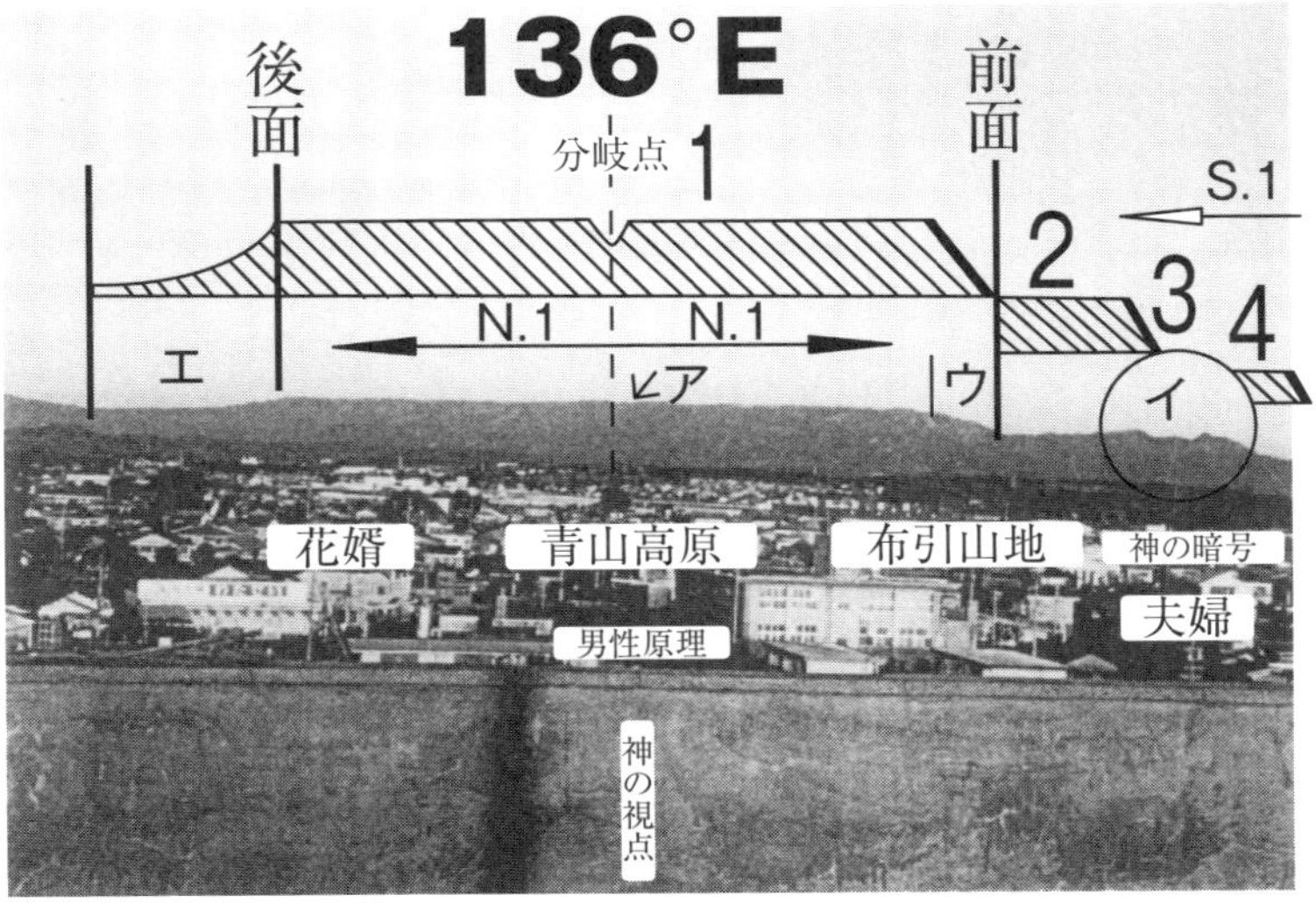
136°E
後面
前面
分岐点
1
S.1
2
3
4
N.1
N.1
エ
ア
ウ
イ
花婿
青山高原
布引山地
神の暗号
夫婦
男性原理
神の視点

5　三角形と円、2つの構図が支配する3つの大陸（1）

109ページ、ベーリング海峡（A）の東には、女性様式を代表する3つの大陸が縦に並んでいます。（H）の南極大陸は、子宮であり、（女性様式）三大陸に繋っています。①南アメリカ大陸は、花嫁を象徴し、②と⑤の北アメリカ大陸は、母親を象徴する大陸です。⑤から⑥グリーンランドに至るたくさんの島々、クイーンエリザベス諸島は、霊となって、天界に登る霊体を象徴しています。⑥のグリーンランドは、上が逆台形、下が逆三角形をしており、父親と母親の魂が、一体となった形を表現しています。（1）（2）（6）、3つの大陸の、太平洋に面した海岸線が、すべて逆S字形のなめらかな海岸線になっているのは、「神の暗号・S」の前面が、S字形になっていることに由来します。反対の、大西洋に面した後面は、直線的、且つ鋭角的な形状をしているのは、「神の暗号・S」の後面が、1本の直線、男性原理に由来します。NラインとSラインの交わるC点、ラブラドル半島の東端でもあるこの1点より、北アメリカ大陸と、エリザベス諸島の中央をめぐるように、1本の円が、1・2・5・6の主要な大陸と、島々の中央を貫いて繋いでいます。（1・2・3・4・5・6）女性様式でデザインされた大陸は、すべて円と、三角形の構図で組み立てられています。

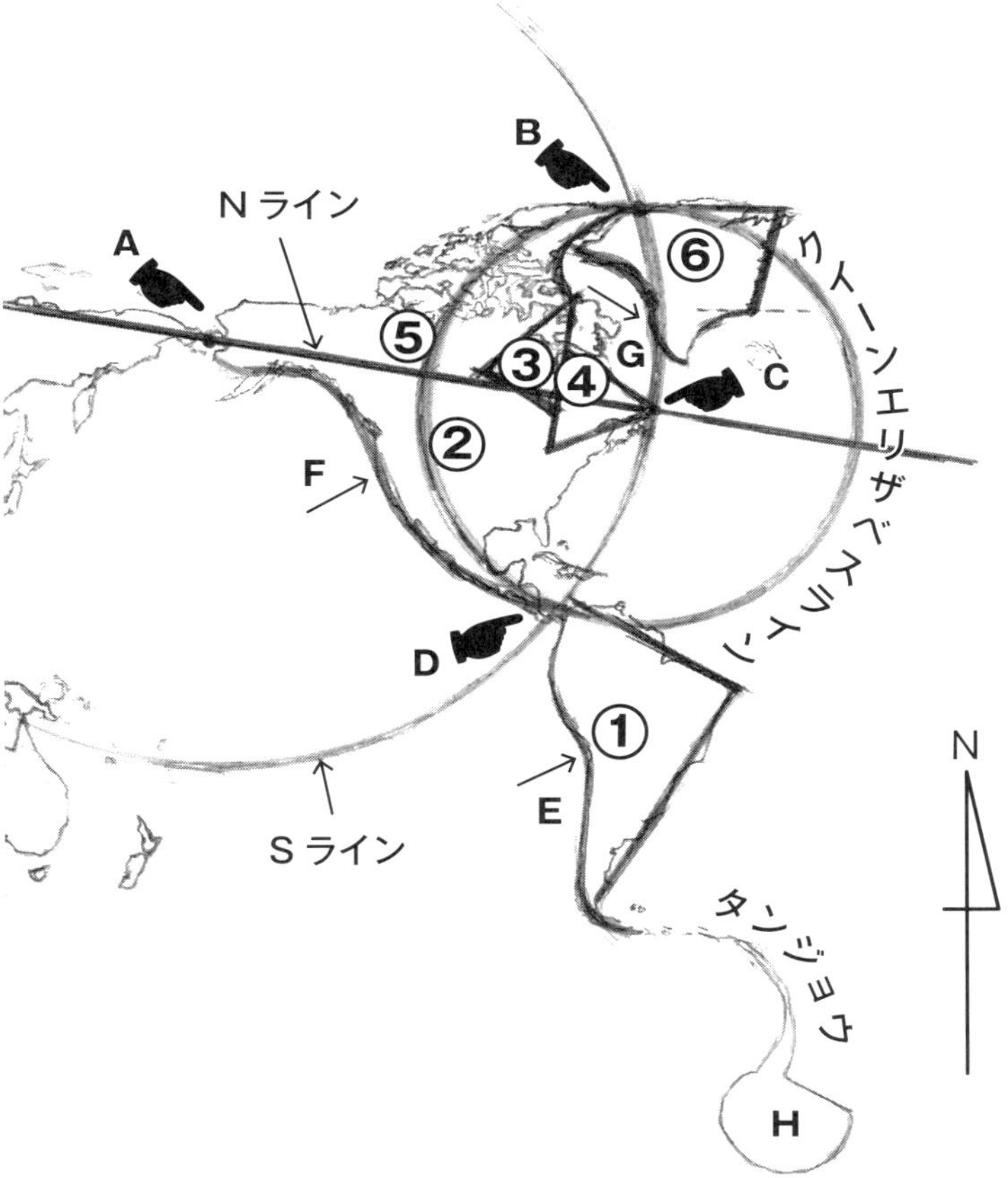
B
N ライン
A
⑥
⑤
③
④
G
C
②
F
D
①
E
S ライン
クイーンエリザベスライン
N
タンジョウ
H

6　三角形と円、2つの構図が支配する3つの大陸（2）

次ページ、①は南アメリカ大陸、②は北アメリカ大陸、③はハドソン湾、④はラブラドル半島、⑤はクイーンエリザベス諸島、⑥はグリーンランド、女性様式を代表する大陸は、すべて三角形の構図でデザインされ、3つの大陸を1本の円が繋ぐ形となっています。男性様式を代表する3つの大陸と相対する前面が白、後面が黒く塗ってあります。③と④の形、⑤と⑥の関係は、三角形と、逆三角形の構図が反復する構図で完璧な調和を示しています。（S.3）南アメリカ大陸から、全体を囲む（S.7）の構図に至るまで、女性様式を支配する構図はすべて、「神の暗号・S」が描く三角形と円によって描かれていることがわかります。又、合計6個の三角形は、3の倍数で示される、自然界の最も安定した形を示しています。この6個の構図を、1本の円、クイーンエリザベスラインが、中心を通る形で繋ぎます。相対する太平洋に面した西の面は、美しいS字形の海岸線となっており、反対に、後面、大西洋に面した東の海岸線は、直線的、鋭角的な男性的な力強い形で創造されており、「神の暗号・N&S」の構図そのものとなっています。グランドキャニオン、ナスカの地上絵の山々、テーブルマウンテン等、3大陸には女性様式にふさわしい名所が創造されています。

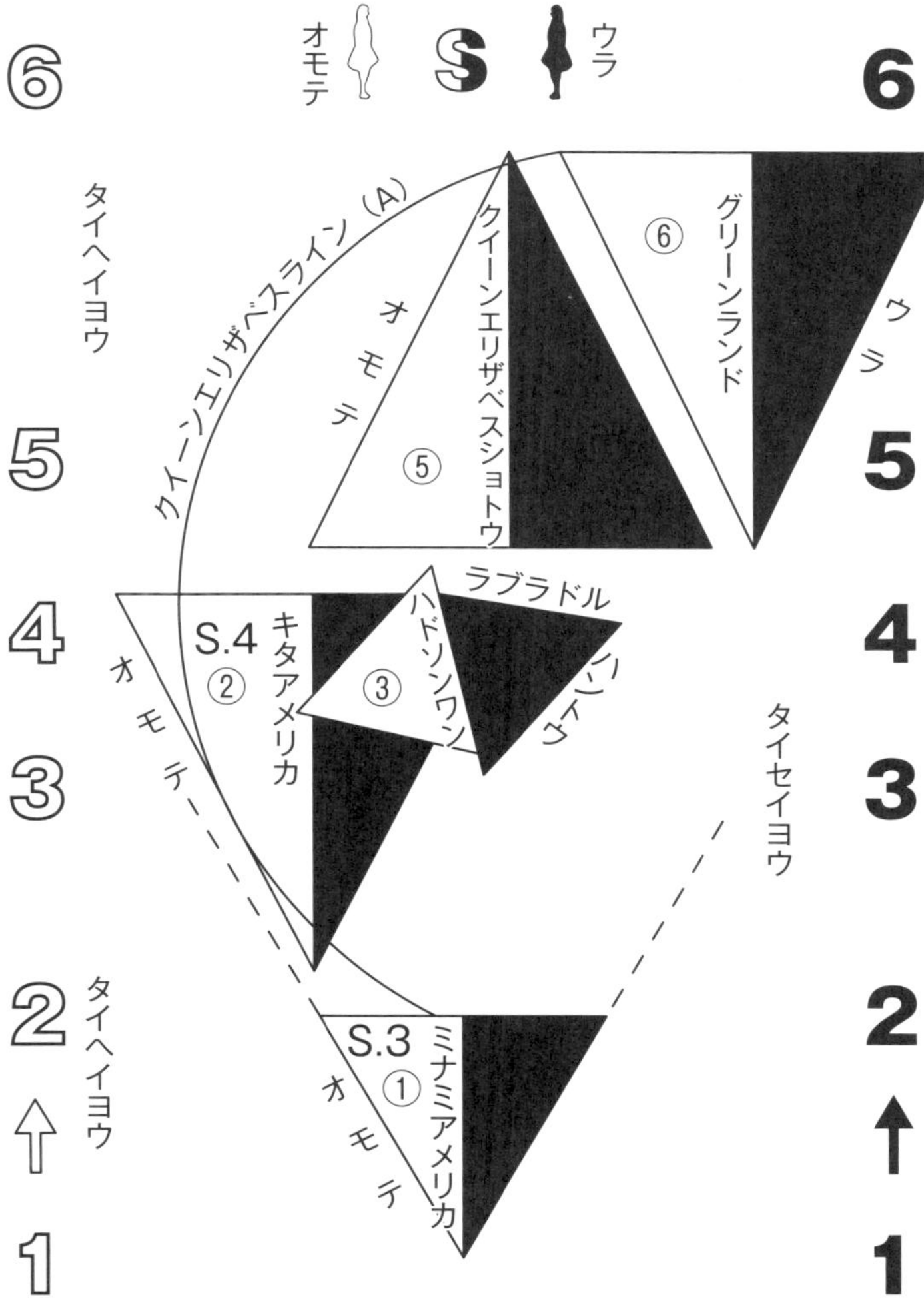
オモテ
S
ウラ
6
6
タイヘイヨウ
クイーンエリザベスライン（A）
クイーンエリザベスショトウ
オモテ
⑤
⑥
グリーンランド
ウラ
5
5
ラブラドル
4
4
S.4
②
キタアメリカ
③
ハドソンワン
ヴィン
オモテ
タイセイヨウ
3
3
2
2
タイヘイヨウ
S.3
①
ミナミアメリカ
オモテ
1
1

7　ユーラシア大陸と地球デザイン（1）

113ページの図は、「神の暗号N＆S」を基に、（父親）ユーラシア大陸を中心に、前面を黒、後面を白に、合計6個の大陸を様式別に、3個ずつシンプルにデザインした図です。中央（F）は、神の視点軸となる日本、左側に、台形を基本の形とする男性様式、右側に、三角形を基本の形とする女性様式がデザインされています。（A）は、生命誕生の始まりを象徴する南極大陸です。（B）は、花婿・アフリカ大陸、（B'）は、花嫁・南アメリカ大陸、（C）は、花婿と花嫁が一体化した象徴、オーストラリア大陸になります。3の（D）は、花婿が成長して父親に、（D'）は、花嫁が成長して母親になった姿を象徴しています。（D）のユーラシア大陸・父と、（D'）の北アメリカ大陸・母が、一体となって、この世を離れ、天に召された象徴として、（E）・グリーンランドが描かれています。大宇宙を創造された神様にとって、息子、娘である人類の住む地球は、まぎれもない、アート創造のためのキャンバスに他なりません。生命誕生から約38億年と言われる歴史は、アート創造のための歴史でもあったと言えます。ガリレオ以前の人々が、地球は宇宙の中心であると思い込んでいたのと同じレベルで、地球の形が、単なる偶然による地殻変動の結果生じていると考えるのは、大きく間違っています。地球は神のキャンバスであり、人類は霊的に神（アーティスト）の分霊なのです。

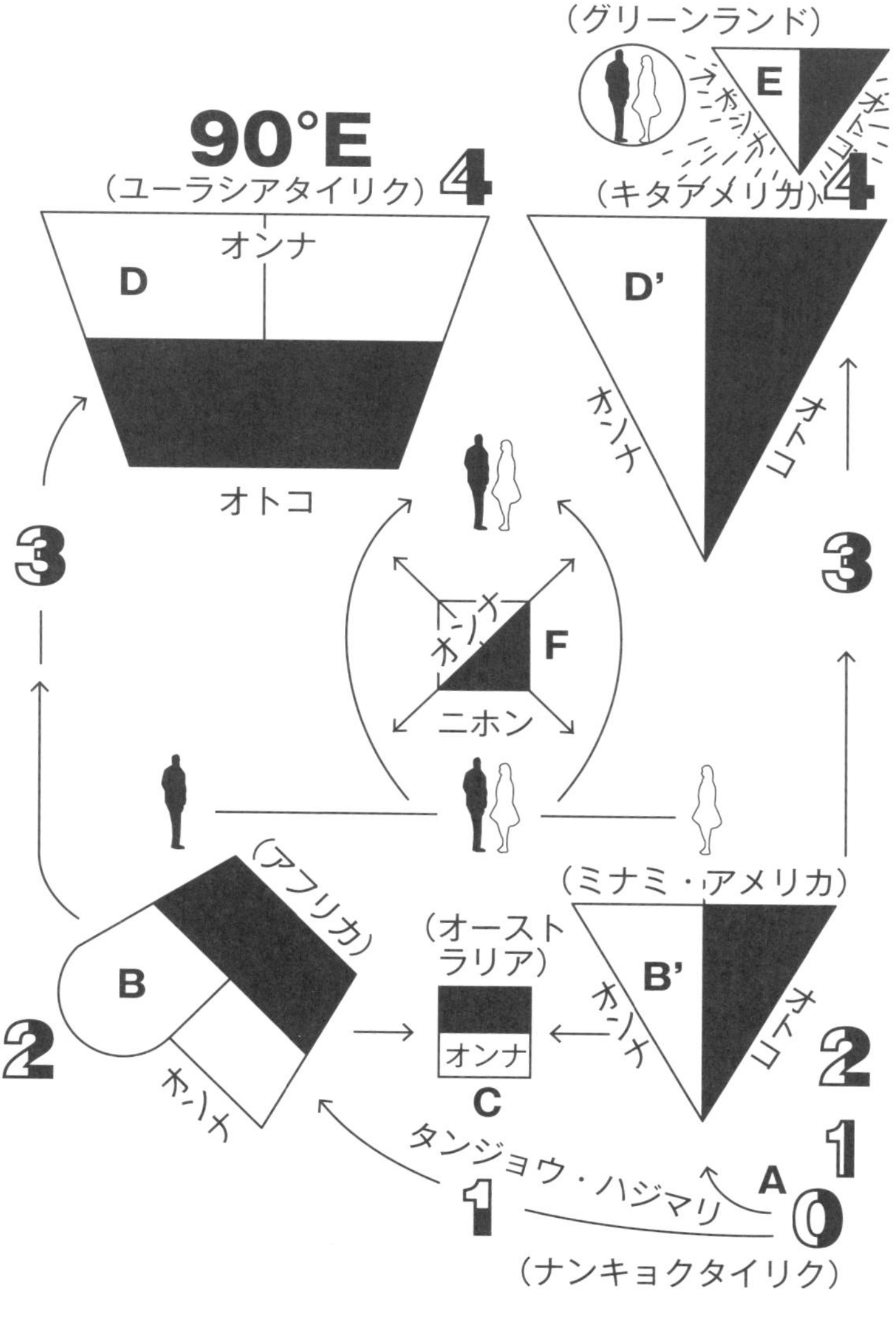
（グリーンランド）
E
オンナ
オトコ
90°E
（ユーラシアタイリク）
4
（キタアメリカ）
4
オンナ
D
オトコ
D'
オンナ
オトコ
3
3
オンナ
F
ニホン
（アフリカ）
B
オンナ
2
（オーストラリア）
オンナ
C
（ミナミ・アメリカ）
B'
オンナ
オトコ
2
1
タンジョウ・ハジマリ
A
1
0
（ナンキョクタイリク）

8　ユーラシア大陸と地球デザイン（2）

115ページは、誕生を象徴する南極大陸（O）を出発点として、右側に、女性様式を象徴する2つの大陸、花嫁（南アメリカ大陸・ア）と母親（北アメリカ大陸・ウ）が、逆三角形の構図でデザインされています。左側には、男性様式を象徴する2つの大陸、花婿（アフリカ大陸・イ）と父親（ユーラシア大陸・エ）が、逆台形の構図でデザインされています。相対する（ア）と（イ）の2つの大陸にはさまれている小さな大陸（アイ）は、花婿と花嫁の一体化を象徴するオーストラリア大陸になります。花嫁（ア）から、母親（ウ）へ、花婿（イ）から父親（エ）へと成長した形が、象徴的に、4つの大陸の、それぞれの構図の中に描かれていま す。神の視点軸（日本）の東側に位置する大陸（ア・ウ・オ）は、女性様式を象徴する三角形の構図で、西側に位置する（アイ・イ・エ）の3つの大陸は、男性様式を象徴する台形の構図でデザインされています。4つの大陸、ア・イ・ウ・エは、太平洋をはさんで相対する構図でデザインされています。又「神の視点軸」に位置する日本に対しては前面を向くようにデザインされています。女性様式の前面、S字ラインを持つ3つの大陸、ア・ウ・オは白く表現されています。逆に凹凸や鋭角、直線的表現の多い男性様式は、その密度に比例して黒く塗りつぶされています。

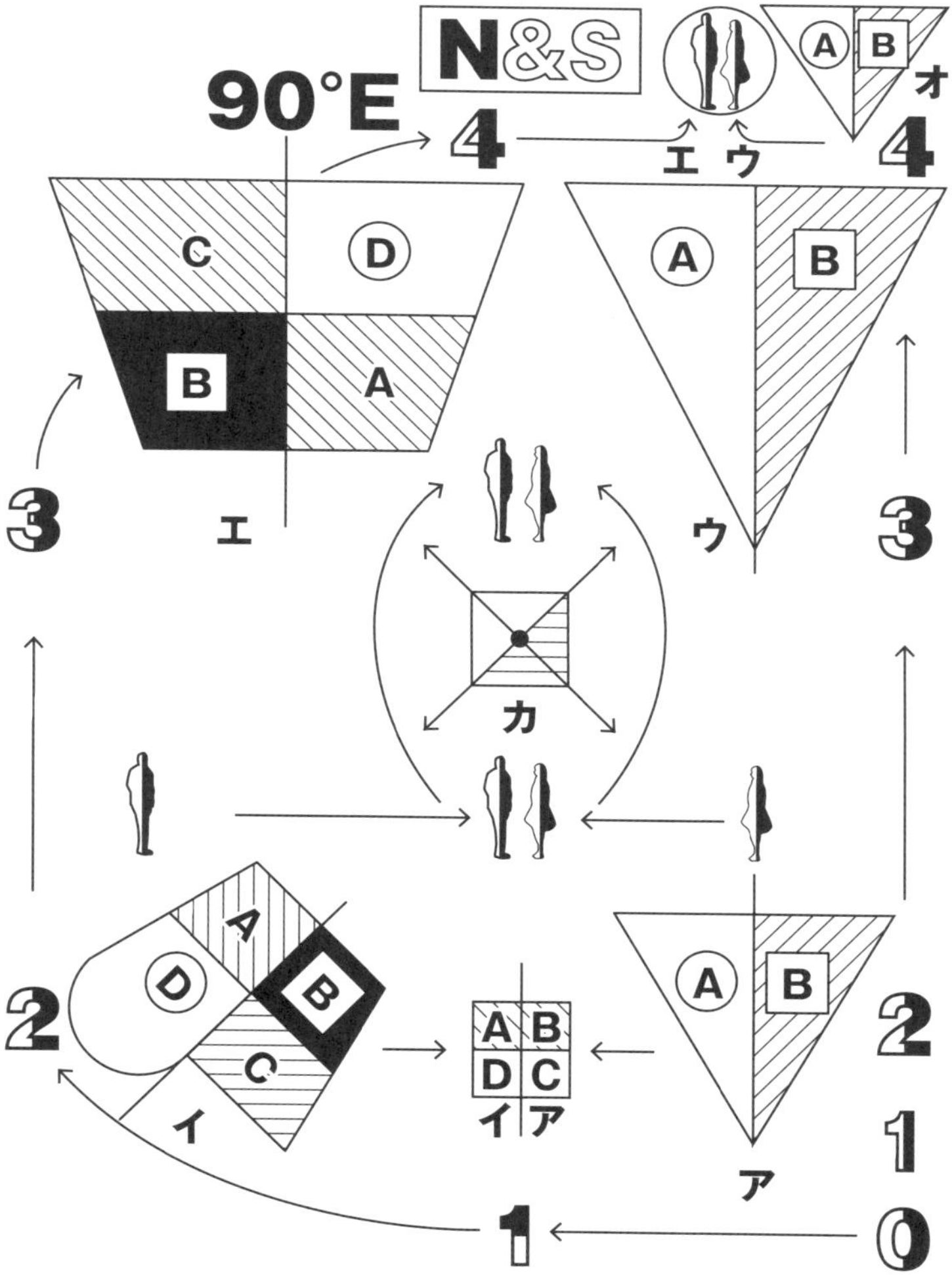
N&S
90°E
4
A
B
オ
エ
ウ
4
C
D
B
A
A
B
エ
ウ
3
3
カ
A
D
B
C
イ
2
A
B
2
A B
D C
イ ア
ア
1
1
0

9　人生の縮図「三重デザイン」と「地球デザイン」

２つのアート作品を語る最終章に近づきました。青山高原を2等分する東経136°線を中心にデザインされた「人生の縮図・三重」、同じように、ユーラシア大陸を2等分する東経90°線を中心にデザインされた「人生の縮図・地球」、２つの作品は、人間の誕生、成長、死、復活に至る道をアート作品として描いた作品です。アート的に見ると、「人生の縮図・三重」は、純粋で、端正で、調和のとれた、ルネサンス的作品です。それに対し、「地球デザイン」は、より現代的で、ダイナミックさに満ちており、アンリ・マチスや、パウル・クレーに繋がる近代芸術にも通じるものを感じます。ベーリング海峡をはさんで、西に男性様式を、東に女性様式がデザインされていますが、全体を見ると、男女が、愛を確かめあっている姿を連想させるものがあります。地球の形の中には、人類を見つめる神様の愛がつまっています。人類の生みの親であり、万生万物の生みの親は、紛れもなく、比類ない偉大なアーティスト霊です。万物の背後にあって、アーティストの御業を遺憾なく発揮されています。又、宇宙における、すべての存在の司令塔の役を担っています。２つの作品は、人類の霊魂救済の物語を、男女の生涯をアートで表現した作品です。創造主が生ける存在《アーティスト》であることは、２つの作品を通して、理解されたことと思われます。レオナルド・ダ・ビンチや、ピカソ等の作品で始まった「神の暗号・Ｎ＆Ｓ」ですが、近代芸術家、現代芸術家、数多のアーティスト、絵画のみならず、彫刻、音楽、文学、科学……あらゆる分野におけるインスピレーションの源流である神様の作品は、時代を、文明を、歴史を、新たな次元へと引き上げてくれるものと信じます。

大宇宙を創造された、全知全能の神様からのメッセージは、一人の、アーティスト神霊からのメッセージでした。今、人類は、文明の重大な岐路にさしかかっています。未来の道を踏み違えないよう、大宇宙を創造された、全知の神様の声に、耳を傾けるのも重要なことではないでしょうか。宇宙は、地球は、偶然のままに存在しているのではありません。人間は、明らかに選ばれて生まれてきています。世界地図の中に、アーティストとしての万物の創造主の証を発見するのも良いことであると思います。お伊勢さんにお参りする時には、夫婦岩にお参りする時には背後の山々の形の中に、夫婦岩の形の中に、万物の創造主の証を発見するかも知れません。人間は、この世に誕生する前から、神様との縁で結ばれています。大切なことは、神様との絆に気づくことです。人間はすべて、過去・現在・未来において、神（アーティスト）との縁から逃れることはできません。

10　相対する男と女の時間の流れと調和と愛

三重デザインにおいても、地球デザインにおいても、最も重要且つ、大切な着眼点は、時間の流れを知ることにあります。誕生から老いへ、人間は地上に生まれ、時間と共に老いてゆきますが、その逆はあり得ません。「人生の縮図」が、テーマである、三重デザインと、地球デザイン、当然ながら成長としての流れがあり、流れにそって、男女の相対する構図の変化があります。デザインの形や大きさ等に変化が現れます。成長と共に、男女は大きくなり、単純な形から、複雑な形へと変化してゆきます。時間的な流れと共に、変化してゆく心の動きといったものも表現されています。形の変化や調和の中に、男と女の成長が、アートとして表現されたのが三重アートであり、地球アートなのです。大宇宙を創造された、ひとりのアーティストの英智、そして愛の証が詰まったのが、「人生の縮図・三重」、そして、「人生の縮図・地球」なのです。台形と三角形、逆台形と逆三角形、男と女の象徴として2つの形が選ばれ、誕生から成長、2人の愛が結実する一体化を描いたのが2つの作品なのです。東経90°線を中心軸に、神の視点軸の存在する日本を中心に、壮大な愛の物語が、それぞれの接点を繋ぐ形で、男女の愛が表現されています。

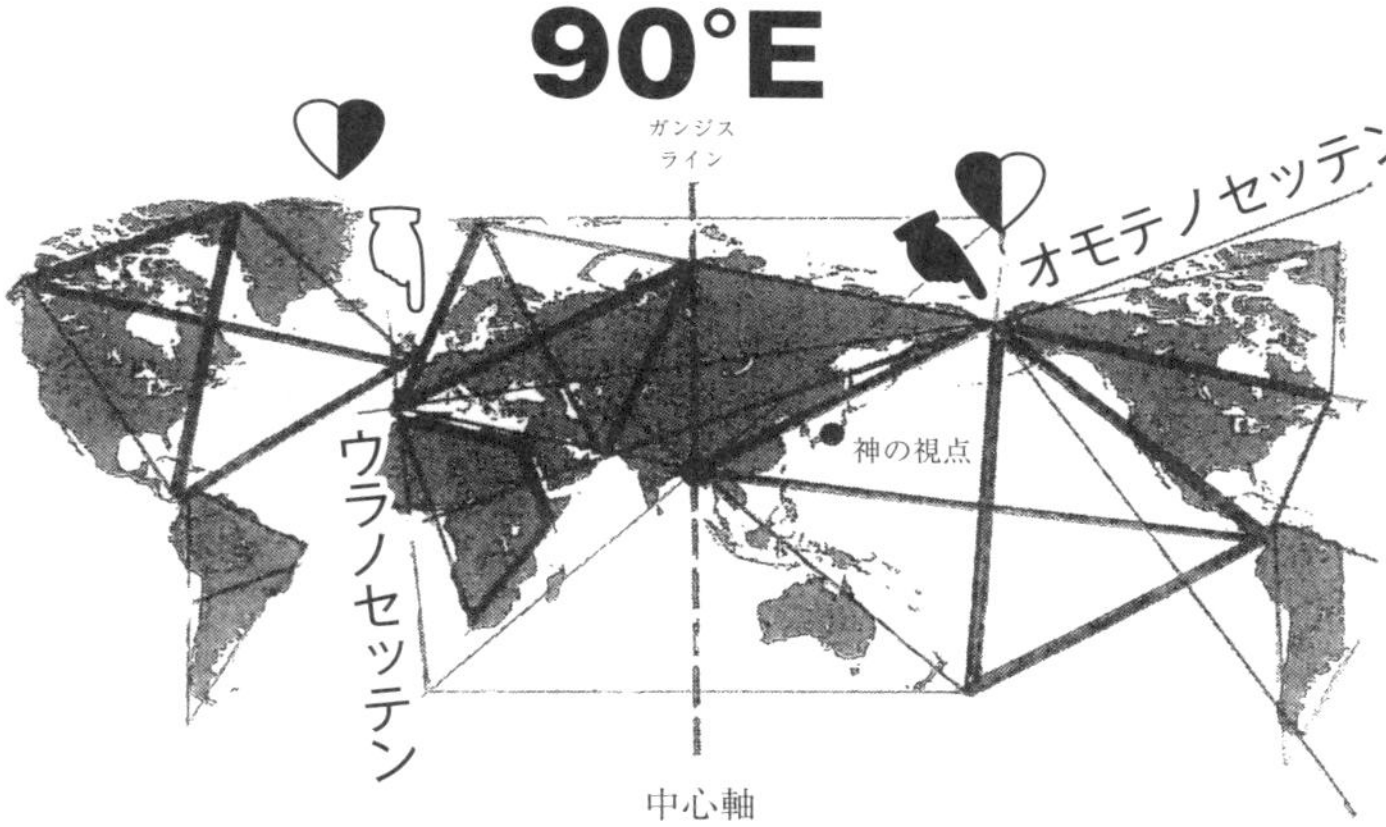
90°E
ガンジス
ライン
オモテノセッテン
ウラノセッテン
神の視点
中心軸

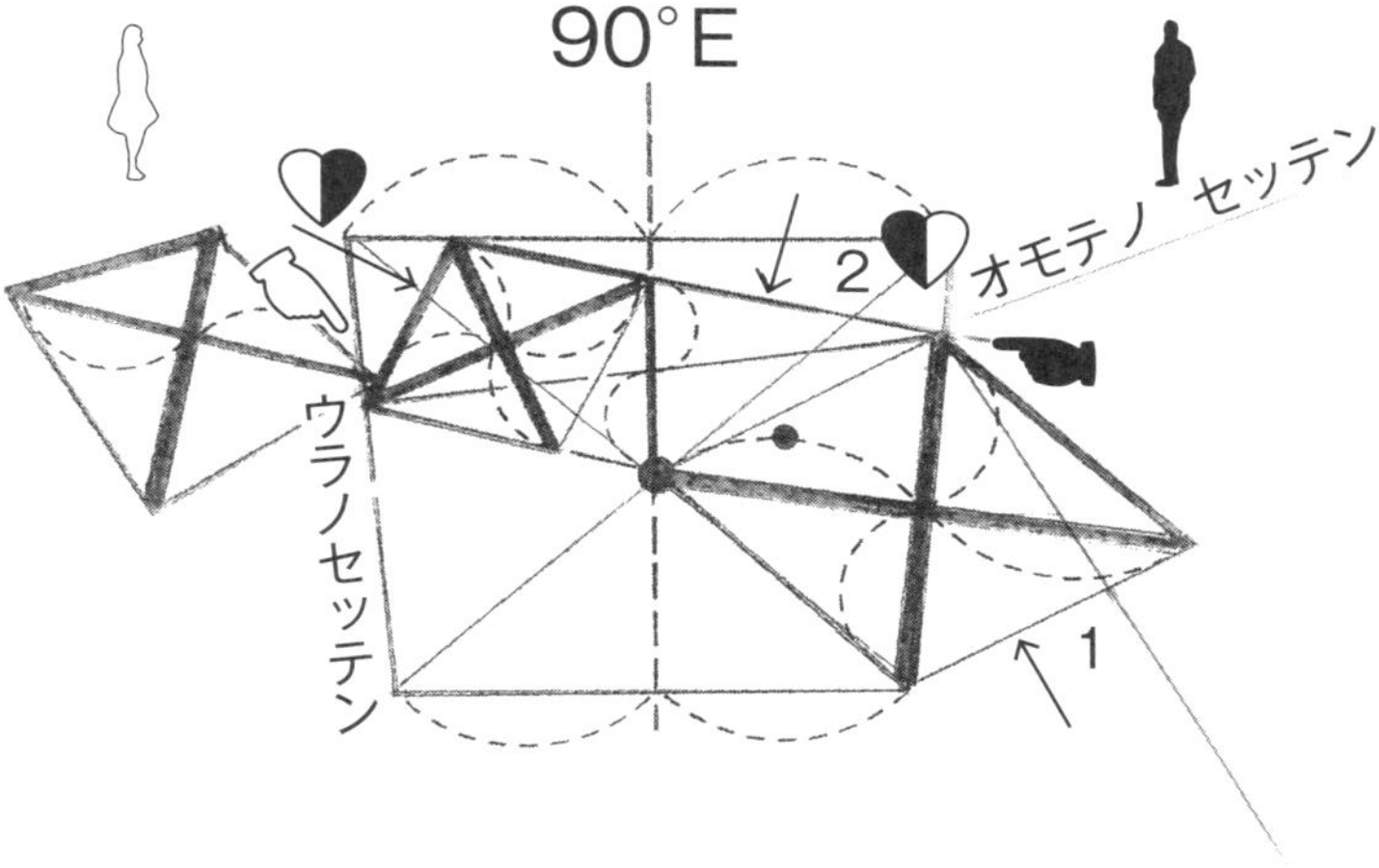
90°E
オモテノ セッテン
ウラノセッテン
2
1

11　東経136°線で分岐するリズムの流れと、「神の暗号」の誕生

三重デザインは、東経136°線を中心軸、リズムの分岐軸として創造されていますが、この136°線を境に、リズムが北と南に、分岐する形でデザインされています。全体としてのリズムの流れは、北から南へ流れているのですが、中心軸136°線を境に、デザインは、北方向、つまり、花嫁である、経ヶ峰方向に向かいます。時間的には、北から南へ流れる形ですが、男女が一体化に向かう、相対する構図のため、中心軸を境に、北と南へ、2方向に向かうリズムの流れが表現されています。(N.1)である布引山系は、第1の青山高原から、第4の小さな台形に至るまで、1・2・4に至る3つの台形は、すべて右肩上がりの、約5°の上昇角度で表現されています。花婿を象徴する4つのリズムが、積極的な凸の表現で示されています。「神の暗号N&S」の形は、次ページの㋑の中に表現されていますが、3番目のリズムに位置します。向かい合う花嫁を象徴する経ヶ峰は、布引山系の北に位置しますが、積極的な凸の曲線として表現されています。3番目には小さな台形が表現されています。つまり、男女の一体化により、花婿と花嫁の、3番目のリズム、1つの円と、1つの台形が入れ変わった形で示されています。「神の暗号・N&S」の誕生です。

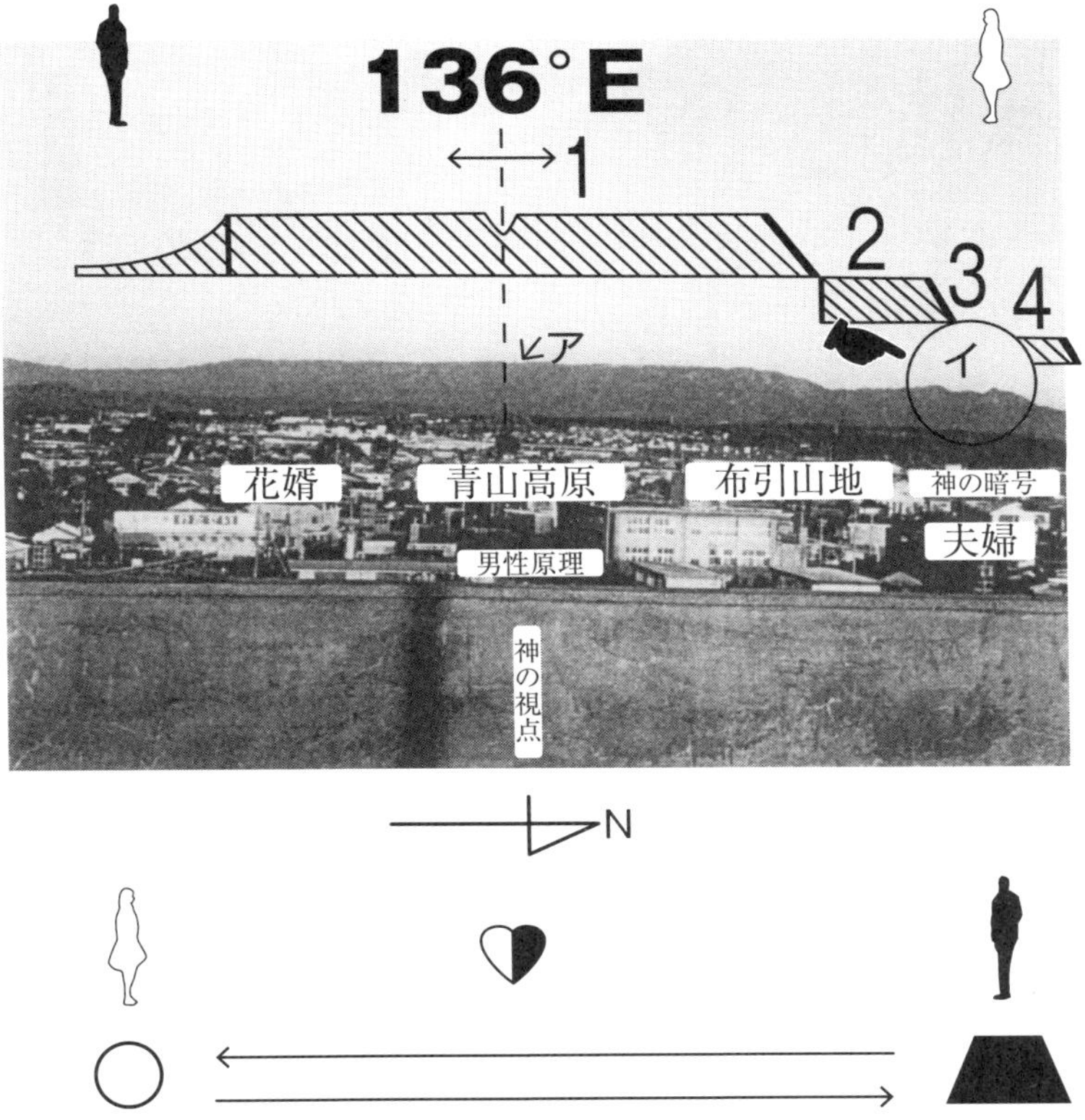
136°E
1
2
3
4
ア
イ
花婿
青山高原
布引山地
神の暗号
夫婦
男性原理
神の視点
N

12　東経90°線で分岐するリズムの流れと、男女の一体化

123ページには、東経90°線で東西に分岐するリズムの流れが示されています。タイミル半島（A）から、チュコト半島（B）に向かうリズムは、ベーリング海峡で女性様式のリズムと一体になります。北アメリカ大陸でも2分岐するリズムが存在し、一方は上昇するリズムとなり、グリーンランドで男女の一体化が結実します。一方で下降するリズムがあり、日本を通り、S字形ラインを描きながらオーストラリア大陸で、インドを通り、西方から流れ込むリズムと一体化しています。オーストラリア大陸は、南アメリカ大陸（花嫁）と、アフリカ大陸（花婿）との一体化の象徴であると同時に、北アメリカ大陸（母）と、ユーラシア大陸（父）との、現世での一体化の象徴ともなっています。オーストラリア大陸の前面、北の海岸線には、西に男性を象徴する四角形の小さな半島が大・中・小と並んでおり、東に女性を象徴する三角形の半島がひとつ、3対1の大様式で創造されています。又、（後面）、南の海岸線は、凹の女性様式で創造されています。東の海岸線は、美しいS字曲線を描き、反対に、西の海岸線は男性を象徴するコの字形の直線的な海岸線で創造されています。地球の形には、男女の一体化による2つのリズムの流れがあり、ひとつは現世に、もうひとつの流れは来世に繋がる形が創造されています。

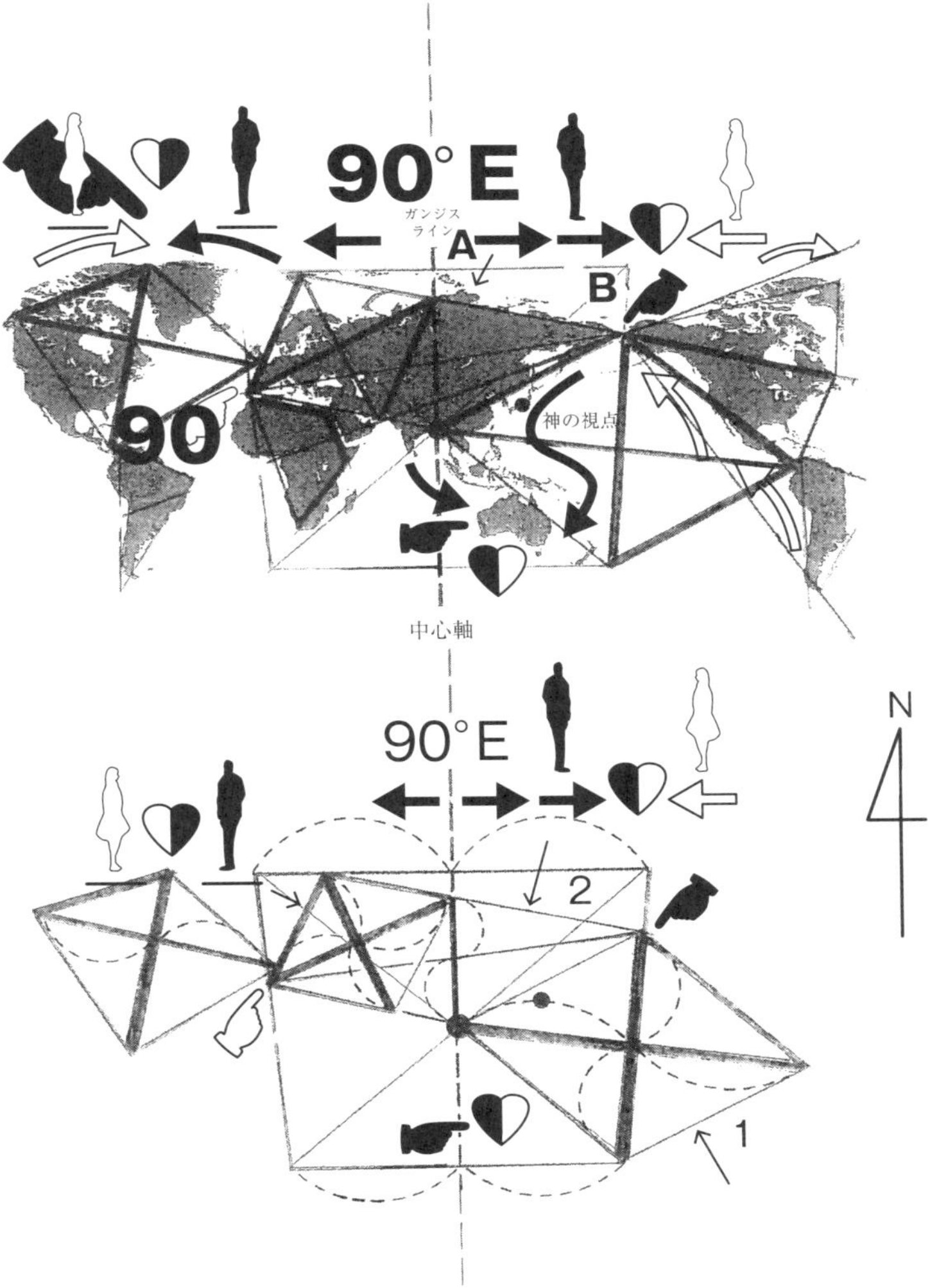
90°E
ガンジス
ライン
A
B
90
神の視点
中心軸
90°E
2
1
N

13　男と女の愛の終焉と、霊界への光の旅立ち

今度は、東経90°線によって分岐された、西方向への愛の心の流れを検証したいと思います。ユーラシア大陸（父）における北の海岸線は、「神の暗号・N&S《男と女》」に基づき、すべて曲線的な、女性的な形を示しています。西方に向かうアートの流れは、フランツヨシフ諸島（B）にそって進行します。左図を見てもわかる通り、構図（N.7）の、上の1辺とも重なり、一部となっています。その先に位置する、スパールバル諸島（A）の形は、矢印を示しており、矢印の示す先には、女性様式を示す（S.6）が存在しています。又、ガンジスラインと、イベリア半島西端を繋ぐ形で、安定したピラミッド構造を持つ、男性様式でデザインされた（N.6）の存在があります。スパールバル諸島は、（N.6）の北端に位置し、（S.6）と相対する構図で描かれています。女性様式で創造された、3つの大陸を繋ぐ、ダイヤモンドカット（S.6）の構図の最上部に位置するグリーンランドは、上が逆台形（父）、下が逆三角形（母）を表現しています。この世の生涯を終え、神の御下である霊の世界で一体化した形で表現されています。グリーンランド上端に繋がる無数の島々、クイーンエリザベス諸島は、2人の男女の魂が昇天する姿を形取ったものです。地球にデザインされた男女の愛の物語の終焉です。しかし霊の世界の誕生とも言えます。

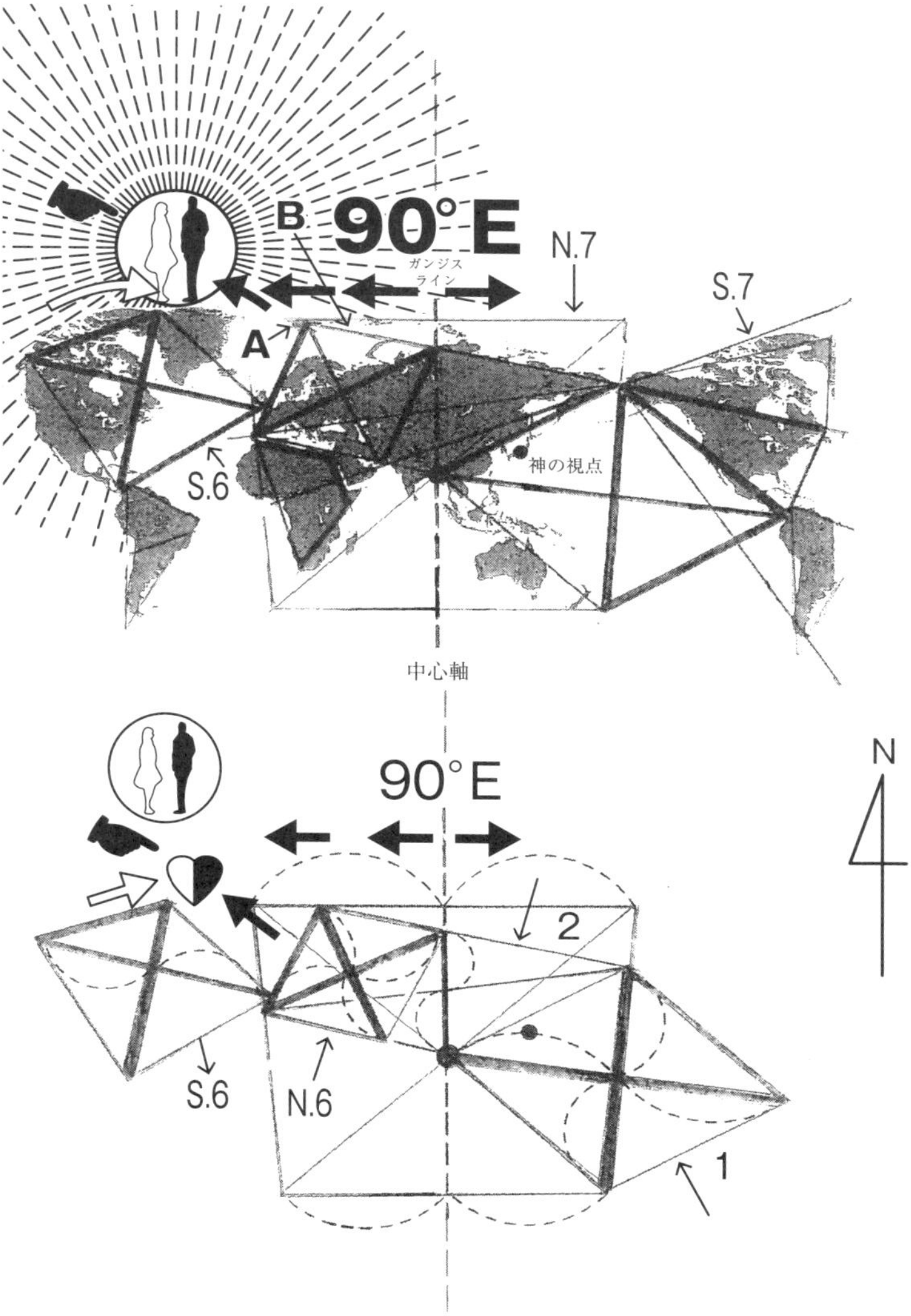
B
90°E
A
ガンジス
ライン
N.7
S.7
S.6
神の視点
中心軸
90°E
N
2
S.6
N.6
1

14　リメーク版、「神の暗号N《男》&《と》S《女》」について

不器用で筆不精の私が、本を書く等ということは、幼い頃から夢にも考えたことがありませんでした。そんな私が、本を書くことになったのだから、世の中、わからないものです。1回目の出版は明らかに失敗で、出版社の社長さんから、「何が書いてあるのかさっぱりわからん」と言われ、愕然としたことを作日のことのように思い出します。次の著作、「神の暗号・N《男》&《と》S《女》と人生の縮図」は2回目の出版で、文芸社様にお願いしました。

今回は、前回と違い、出版企画部の方から、「これは前例のない本ですね」と言われ、それなりに理解してもらえたと感じ、嬉しく思いました。しかし地元に、完成した本を持ち帰り、読んでもらったのですが、私が期待したほどの理解は得られませんでした。全く理解できない人も多く、最初の出版の時と同じように〝何が書いてあるのかわからない〟という人もかなりおり、自分の文章力のなさ、表現力の乏しさ、腑甲斐なさに愕然としてしまう日々でした。虚しく過ぎて行く日々に凹みながら、驚異の体験をした当時からすでに30年以上が過ぎてしまいました。

私には、社会的な名声や、金銭欲等ほとんどなく、地味な性格なので、ある意味静かな生活を送れたことは幸せでした。

しかし、神様から数々の教示を戴き、一搬的には、人間が生涯かけても経験できないことを数多く見せて戴いたことも事実です。もし私が、他人から逆に、私が体験したようなことを聞いても、おそらく100％信じなかったと思います。だから、私の本を見て、「さっぱりわからない」と言う人の気持ちは良くわかります。前例のないこと、通常あり得ないと思われることを伝えることの難しさは一様ではありませんでした。他人が理解し、信じることの難しさは、この本を書いている自分にも良くわかります。しかし、神様から戴いた驚異の体験から学んだことを伝えることは、私に与えられた使命であると考えており、未熟で、才能にも乏しい私が、僅かでも世間の人に届くようにと、再度違った切り口で「神の暗号N&S《男と女》」のリメーク版を書くことにしました。神様から愛想を尽かされても不思議ではない私ですが、こんな自分を今日まで導き続けて下さった神様に、深い感謝と、畏敬の思いを込めて、この本の最終章にしたいと思います。創造主による、生命誕生から38億年とも言われる長きに亘る歳月からしたら、私の忍耐の日々等、一瞬の出来事に過ぎません。

この書に書かれた内容に嘘っぱちは微塵もありません。できることなら、私が体験した驚異の数々のひとつでも体験して戴けたらと願わずにいられません。私の体験を、一人でも多くの神様の息子、娘である皆様にお伝えできれば幸いです。

15　十四の悟り

（1）肉体は両親より生まれ、魂（霊）は神より生まれます。過去・現在・未来、神との縁は永遠です。

（2）人間が神を選ぶことはできません。神が選ばれたから、人間は地上に生を受けています。神を理解することは、人生最大の命題です。

（3）人間固有の物は存在しません。一切の物は神より生じています。これが悟りの第一義と言えます。人間が霊の世界に持参できるのは魂（霊）のみです。

（4）万の知識より、真理の悟りが大切です。真善美は神との縁を深めます。偽善は神の御霊を遠ざけます。

（5）人生に、完全、完成はありません。この世は一瞬、霊の世は永遠です。現世で、人間はほんのわずか成長して霊の世界に旅立ちます。

（6）宗教とは何か!!　神社、仏閣、教会、モスク、寺院、すべては永遠の創造主に近づくための小さな一歩です。

（7）この世に無駄な物、意味のない物、役に立たない物はありません。心次第で、害にも益にもなります。

（8）この世には数多《あまた》の宗教が存在します。すべての宗教は必要だから存在しています。愛と寛容のない宗教は偽善です。宗教を超えたところに神は存在します。

（9）地球の形とは何か!! 創造主からのメッセージが書かれたキャンバスです。ここには人類への神の「愛」が描かれています。

（10）信仰とは何か!! 私欲なく、弱者を助け、神を愛すること。神とは何か!! 万物を創造する永遠のアーティスト。

（11）謙虚な心に神の御霊は喜びます。傲慢な心、ひとりよがりな心、悪しき心に神の御霊は宿りません。

（12）大海も一滴の水から、小さな努力の積み重ねが、未来の良き収穫をもたらします。神へつながる道は、無限であり永遠です。

（13）極悪非道の人間にも神の導きはあります。決してあきらめない心と気持ちが大切です。

（14）この書の真の作者は、宇宙の根源の神、アーティスト神霊です。天照晶子は証人にすぎません。

おわりに

この『世界にひとつだけの「神とアート」の書』は、前著書「神の暗号N&S《男と女》」の理解のための書です。前著書について、何が書いてあるのかわからないという意見も多数あり、少しでも理解を深めてもらうための書です。少し切り口を変えて、あるいは別の角度からという具合に、できる限り、わかりやすく書いたつもりです。

この書について、単刀直入に言えば、この書の真の中味は、この書にはなく、作品の中にこそあります。大宇宙を創造された神様の作品（メッセージ）をひとりでも多くの人々に伝えられたらと思い書いた書です。この書の真の理解の鍵は、２つの人生の縮図の描かれた山々や、大陸、そして島々の形をアートとして理解するところにあります。わからないと考える前に、まず3度はこの書を読んで下さい、そして1度は現物を見て検証してみて下さい。地球デザインについては、世界地図を広げれば、だいたいのことは理解できると思います。地球は１００%アートの法則（大様式）によって創造されています。三重デザインについては、想像をめぐらせるしかないかも知れません。しかし、久居までできて頂ければ、神様がアートとして創造された山々が、天気にめぐまれればですが、開発により失われた部分もありますが、この書の理解の一助となってくれるかも知れません。

心の旅人・天照晶子

著者プロフィール

天照 晶子（あまてら しょうし）

三重県に生まれる
宇治山田高等学校卒業
ホアン・ミロ財団による国際ドローイング・デッサンコンクールで
昭和 59 年から 3 回連続入選

著書に『神の暗号・N《男》&《と》S《女》と人生の縮図』（2013 年　文芸社）がある

世界にひとつだけの「神とアート」の書

2019年 4 月15日　初版第 1 刷発行

著　者　天照 晶子
発行者　瓜谷 綱延
発行所　株式会社文芸社
〒160-0022　東京都新宿区新宿1－10－1
電話　03-5369-3060（代表）
03-5369-2299（販売）

印刷所　株式会社エーヴィスシステムズ

ISBN978-4-286-20426-0